AF389706

UNION CENTRALE

DES

BEAUX-ARTS APPLIQUÉS

A L'INDUSTRIE

SIXIÈME EXPOSITION

1880

LE MÉTAL

CATALOGUE

DES OEUVRES ET DES PRODUITS MODERNES

EXPOSÉS AU PALAIS DE L'INDUSTRIE

PRIX : 1 FRANC

PARIS

IMPRIMERIE QUANTIN ET Cᵉ

7, RUE SAINT-BENOIT

1880

L'Exposition est ouverte tous les jours

de **10** *heures à* **6** *heures.*

Le dimanche, le prix d'entrée est

de **50** *centimes.*

Le vendredi, l'entrée est fixée à **2** *francs.*

Les autres jours de la semaine,

1 *franc.*

EXPLICATION DES ABRÉVIATIONS

C ✵ — Commandeur de la Légion d'honneur.

O ✵ — Officier   —   —

✵ — Chevalier   —   —

G. M. H. — Grande médaille d'honneur.

D. H. — Diplôme d'honneur.

G. P. — Grand prix.

Méd. d'hon. — Médaille d'honneur.

M. P. — Médaille de progrès.

M. M. — Médaille de mérite.

M. O. — Médaille d'or.

M. A. —   —   d'argent.

M. B. —   —   de bronze.

M. H. — Mention honorable.

R. de M. — Rappel de médaille ou de mention.

E. U^{lle}. — Exposition universelle.

E. U. C. — Exposition de l'Union centrale.

H. C. — Hors concours.

1re cl., 2e cl., 3e cl. — 1re classe, 2e classe, 3e classe [1].

---

1. Il n'a été indiqué que les récompenses obtenues aux Expositions universelles et à celles de l'Union centrale.

Comme préface au catalogue de sa sixième exposition, l'*Union centrale* croit devoir présenter à ses visiteurs le compte rendu de l'Exposition de 1876. C'est une coutume constamment suivie dans la rédaction des précédents catalogues, qui a pour but de rattacher le présent au passé et d'offrir au public l'histoire succincte de ses efforts et de ses travaux.

La série de ses assises biennales a été interrompue par l'Exposition universelle de 1878. L'*Union* ne pouvait déserter le poste d'honneur qui lui était assigné dans ce grand concours international ; c'était pour elle une trop belle occasion d'affirmer son existence, de présenter aux visiteurs du monde entier l'exposé de sa doctrine et les résultats de ses programmes.

Le jury international des récompenses, reconnaissant l'utilité de l'œuvre d'intérêt général, lui a décerné une médaille d'or comme suprême consécration de l'idée généreuse qui l'a fondée.

Pour résumer l'histoire de la cinquième exposition, nous ne saurions mieux faire que de reproduire les discours prononcés à la distribution des récompenses et la liste des lauréats. Tout commentaire ne pourrait qu'affaiblir ce qu'ont dit les orateurs qui ont pris successivement la parole, devant un nombreux et sympathique auditoire, le 28 novembre 1876, au palais de l'Industrie.

La solennité était présidée par M. Édouard André, président du conseil d'administration.

M. Waddington, ministre de l'instruction publique, qui en toute occasion avait manifesté sa sympathie à l'*Union centrale,* ayant voulu, par sa présence, lui en donner un nouveau témoignage, ouvrit la séance par le discours suivant :

MESSIEURS,

Vous m'avez invité, il y a trois mois, à venir ouvrir avec vous la cinquième exposition organisée par l'*Union centrale des beaux-arts appliqués à l'industrie.* Vous avez bien voulu m'inviter encore aujourd'hui à assister à la distribution des récompenses méritées par vos exposants. J'ai tenu à honneur de me rendre à votre appel, désireux que j'étais de vous exprimer ici combien je m'intéresse à vos efforts, à vos principes et à vos œuvres, qui contribuent si puissamment à introduire dans les masses le goût et le respect des belles choses et à provoquer l'émulation qui les fait naître.

Vos œuvres, ce sont ces expositions où vous excitez l'émulation des contemporains par le spectacle et l'étude des merveilles du temps passé; où vous faites profiter les habiles artistes décorateurs de votre temps, — orfèvres, ornemanistes, céramistes, ciseleurs, ébénistes, tapissiers, dessinateurs de soieries et d'étoffes — des trésors cachés dans les collections de nos amateurs; et où ces amateurs sont heureux, de leur côté, de travailler, par le prêt généreux des plus précieux objets de leurs collections, au renouvellement et aux progrès des arts dans leur pays. De plus, vous tenez en haleine, par des exhibitions régulières, l'ardeur de ces milliers d'artistes et d'artisans dont le travail intéressant est l'une des sources les plus fécondes de la richesse de notre patrie.

Le jour de la distribution des récompenses aux peintres et aux sculpteurs du dernier Salon, je leur rappelais que l'art français, dont ils sont les guides naturels, rapportait à notre pays, par la seule exportation de ses produits, — et ces produits sont ceux, messieurs, dont vous avez ici le patronage, les produits de l'art appliqué à l'industrie, — un revenu qui dépassait 150 millions. C'est vous dire assez, messieurs, combien je sens la reconnaissance que vous doit le ministère des beaux-arts et combien vous pouvez être assurés de son bon vouloir et de sa sympathie.

Et quand même, messieurs, vous en seriez à vos débuts et n'auriez pas fait vos preuves depuis longtemps, votre présente exposition serait encore un grand service rendu au pays ; car tout le monde a reconnu en elle l'essai plein de promesses de ce que sera la grande solennité internationale de 1878 ; on y trouve les espérances déjà certaines de ce qu'y doit apporter l'industrie française en matière de goût et d'ingénieuses conceptions. C'est, si j'osais le dire, l'entraînement avant la grande course dout la faveur du monde entier sera le prix.

Quant aux principes, messieurs, dont vous êtes les représentants et qui sont la base de votre institution même, l'initiative privée et la propagation de l'enseignement du dessin, vous me connaissez assez, je l'espère, pour croire qu'ils me sont particulièrement sympathiques. Si, dès son origine, l'*Union centrale*, en même temps qu'elle créait un libre foyer d'étude pour l'instruction des ouvriers dessinateurs, s'est constamment appliquée à agiter toutes les questions relatives à l'enseignement du dessin, il est bon qu'elle sache que l'administration n'a cessé, dans ces derniers temps, de chercher les moyens de mettre en pratique l'expérience acquise par les nations environnantes, et d'introduire dans les programmes de nos écoles primaires et secondaires les résultats de cette expérience. Le conseil supérieur des beaux-arts a étudié avec soin cette importante question, et les programmes qu'il a formulés ont été transmis par moi au conseil supérieur de l'instruction publique. Le corps enseignant pour les écoles normales primaires pourrait, dès maintenant, être recruté parmi les élèves de notre école des beaux-arts munis de brevets spéciaux.

Vous voyez, messieurs, qu'on ne sera plus en droit de nous reprocher de demeurer en arrière des efforts tentés et réalisés par l'Angleterre, par la Belgique, par la Suisse, par tous les pays, en un mot, soucieux de la véritable instruction publique.

Je vous entretiens là, messieurs, de ce que je sais être à bon droit votre plus grave préoccupation et de ce que vous pourrez considérer comme la plus légitime de vos victoires, tant est grande la part que vous avez prise à la réussite de cette féconde entreprise. Il est bon que l'on sache qu'une société d'initiative privée comme la vôtre peut contribuer puissamment à la propagation d'une idée saine et utile au pays, et que le gouvernement de la République accepte de grand cœur tous les concours de bonne volonté.

L'initiative privée est une force incomparable dans tous les pays libres, et elle est très loin d'avoir donné au nôtre tout ce qu'il lui est permis d'en attendre. Voyez ce qu'elle a fait chez nos voisins les Anglais; c'est chez eux qu'elle s'est particulièrement exercée au profit des arts. Musées de peinture, musées d'art décoratif, société des beaux-arts, d'enseignement, d'expéditions de toutes sortes, tout s'est fait là, tout s'est créé par l'initiative privée et tout y vit activement et incessamment réchauffé par cette initiative.

Aussi, messieurs, pouvez-vous être sûrs de trouver en moi, qui suis chargé de cette glorieuse administration des arts, l'homme le mieux disposé à accepter votre concours et à le solliciter, s'il était besoin, pour le bien de notre chère patrie.

Messieurs, le jour de l'ouverture de votre exposition, M. le maréchal président de la République, en me permettant d'annoncer à M. Louvrier de Lajolais sa décoration de l'ordre de la Légion d'honneur, a fait, je crois, une chose qui vous était agréable à tous. Aujourd'hui il m'est possible d'ajouter à cette croix quelques brevets d'officiers d'académie, et je serai heureux de les remettre à ceux des membres de votre association qui m'ont été plus particulièrement désignés par votre président.

M. le ministre lit alors l'arrêté en vertu duquel les palmes d'officier d'académie sont accordées à :

M. Alfred FIRMIN-DIDOT, membre du conseil d'administration, président de la section des écoles.

M. Théodore SENSIER, secrétaire général de l'*Union centrale*.

M. le marquis BOURBON DEL MONTE, membre du comité de patronage de l'Exposition rétrospective.

M. Charles LAMBIN, membre de la commission exécutive du musée aux expositions de 1865, 1869, 1874 et 1876.

Mme Henriette BROWNE, artiste peintre, membre du jury des Écoles en 1874 et en 1876.

M. FALIZE fils, membre des jurys de l'industrie, secrétaire rapporteur pour la section de l'orfèvrerie et la bijouterie.

M. Henry Ardant, manufacturier, l'un des fondateurs et membre du conseil des écoles de dessin de Limoges.

Après avoir remis aux nouveaux officiers d'académie les insignes de leur titre, M. le ministre de l'instruction publique, obligé de se rendre à la Chambre, à Versailles, s'excuse de ne pouvoir assister à la fin de la cérémonie.

L'auditoire témoigne par de vifs applaudissements du plaisir que lui ont fait la présence et le langage de M. Waddington.

Après le départ du ministre, MM. Édouard André, de Chennevières et Bouilhet, vice-président de l'*Union centrale*, prennent tour à tour la parole :

Discours de M. le Président de l'Union centrale.

Mesdames, Messieurs,

Lorsqu'à pareille date, il y a deux ans, j'ai donné rendez-vous au palais des Champs-Élysées à tous ceux qui avaient contribué à l'éclat et au succès de notre exposition à peine fermée de 1874, j'étais certain qu'aucun de ceux qui ont à cœur de soutenir l'entreprise de l'*Union centrale* ne me ferait défaut, et je constate aujourd'hui que je ne me suis pas trompé.

Certes, il n'y a pas d'œuvre qui n'ait ses détracteurs, parce qu'il n'y a rien qui soit absolument parfait; mais le caractère de sincérité, d'indépendance, de désintéressement et de camaraderie qui marque la nôtre, a su triompher facilement de quelques dénigrements injustes et conquérir les sympathies et la confiance d'adeptes nouveaux. Aussi est-ce à une assistance bien plus nombreuse qu'en 1874 que je m'adresse aujourd'hui pour lui parler de l'*Union centrale,* lui confier nos espérances et l'entretenir dans la foi sans laquelle rien n'est durable. J'ai la conviction que l'exposé des travaux qui ont été faits dans ce palais et la lecture des rapports de nos divers jurys confirmeront tous nos adhérents dans leur sympathie pour nous et créeront des attaches nouvelles et solides.

Je viens de dire que l'*Union centrale* avait pris une extension sensible. En effet, d'une part, le nombre des adhérents directs par la souscription au *Bulletin* a augmenté, et, de l'autre, celui des exposants a presque doublé. Nous avons dû, même, faute d'empla-

1.

cements suffisants, renoncer à satisfaire à toutes les demandes qui nous ont été adressées.

Mais, pendant que la popularité croissante de notre œuvre s'étendait et nous amenait le concours précieux de nouveaux venus, nous avons perdu quelques-uns des premiers fondateurs. Les noms de ceux que la mort nous a enlevés (et que je vais vous citer) nous rappelleront que nous avons nos jours de deuil à enregistrer.

Barye, Jacquemart, Gonelle et Gauthier-Bouchard ont succombé dans la dernière période qui s'est écoulée depuis notre dernière exposition, et le premier devoir que j'ai à remplir, au nom de notre Société, est de proclamer les droits qu'ils ont à notre reconnaissance. Leur autorité, leur puissante initiative, leur dévouement persévérant ont aidé à fonder et à maintenir l'entreprise à la tête de laquelle ils n'ont cessé de marcher, et le souvenir des services qu'ils ont rendus doit être consacré par les efforts que nous ferons tous pour les imiter. Leur nom doit être et rester inscrit sur les tablettes d'honneur de notre histoire, et ceux qui leur succèdent trouveront dans les archives de nos commissions les travaux qu'ils ont accomplis pour nous avec la modestie des bons ouvriers. Dans notre sphère, ils resteront des modèles, et je sais qu'ils ont et qu'ils trouveront des imitateurs, parce que je sais que ceux qui travaillent chez nous s'inspirent du désir d'être utiles à notre chère patrie.

Mesdames, Messieurs,

L'exposition que nous avons organisée est encore là ouverte pour justifier le plaisir que j'éprouve à constater son succès, et si je le fais avec quelque orgueil, c'est que je ne puise pas dans mon seul sentiment et dans celui de mes collègues le jugement qu'il convient d'en porter. L'intérêt qu'on a pour ce que l'on fait soi-même ne suffit pas souvent pour jeter la vraie lumière sur les résultats qu'une critique indépendante, mais juste, apprécie avec moins d'amour et d'entraînement. Aussi me serais-je gardé de me laisser séduire par nos seules appréciations, et mon langage contiendrait une grande réserve si je n'avais, pour contrôler ce que je viens de dire, et les satisfactions du public, et les études si indépendantes de nos jurys, et l'appui de la presse tout entière qui a entrepris de longues études sur l'ensemble de nos opérations.

Il faut croire que le concours de ces examens n'a pas touché que nous, puisque l'administration, qui sent bien que c'est pour la seconder que nous travaillons, s'est jointe à nous pour donner à notre musée rétrospectif un éclat magnifique, et que M. le ministre de l'instruction publique et des beaux-arts a voulu récompenser, au nom du pays, quelques-uns des hommes qui ont donné l'exemple de l'initiative individuelle en consacrant leur temps et leur activité au service des intérêts que nous poursuivons.

C'est donc avec une sécurité complète que je viens constater aujourd'hui pour notre *Union centrale* un progrès et un succès nouveau. J'ai la mission, en même temps, d'offrir nos chaleureux remerciements à toutes les personnes qui, en dehors de notre Société, ont voulu contribuer à la développer, à l'embellir et à l'encourager.

Je m'adresse d'abord à M. le ministre de l'instruction publique et des beaux-arts qui a accepté la mission de remplacer à l'ouverture de l'exposition M. le maréchal président de la République et dont la présence aujourd'hui vous dira, mieux que je ne puis le faire, l'intérêt qu'il porte à tout ce qui touche au sentiment spontané, individuel, source de libre travail, d'indépendance honorable, de sacrifice généreux. Sa parole, une première fois, a porté dans notre esprit la confiance que nous n'accomplissions pas une œuvre inutile au pays, et son retour au milieu de nous est une affirmation que, sur le terrain modeste où nous nous sommes placés, il y a des germes dont on attend de bons fruits. A nous de tenir ce qu'on espère de nous.

Je remercie encore M. le ministre de l'agriculture et du commerce qui, lui aussi, a voulu, par sa présence à cette solennité, consacrer le principe de l'initiative privée et donner à notre Société une marque de son bienveillant intérêt.

Le musée des tapisseries, qui a réuni le plus splendide ensemble de pièces qui se puisse rêver pour l'agrément du spectacle et l'histoire de cet art si noble de la décoration appliquée aux tissus, le musée, dis-je, si bien organisé par la commission dirigée par M. Darcel et avec le concours actif de M. Joly, doit son magnifique éclat à la pensée qu'a eue M. le directeur des beaux-arts de réunir, pour la commission de perfectionnement des Gobelins, toutes les pièces dignes de figurer dans un enseignement spécial et complet, et il nous a remis le soin de faire cette exhibition, comme il avait tenté de le faire pour l'exposition des musées de province. Son collègue, M. le comte de Cardaillac, dont le nom est toujours associé à toutes nos expositions, s'est acquis, lui aussi, un titre nouveau à notre reconnaissance pour la bienveillance avec laquelle il a secondé nos efforts.

L'*Union centrale* ne peut oublier de remercier publiquement encore MM. les lords de l'instruction publique d'Angleterre, qui ont bien voulu permettre l'envoi de spécimens remarquables des tapisseries qui figurent au British Museum ainsi qu'à l'admirable musée du South Kensington. L'intérêt qu'ils daignent nous porter s'est encore manifesté par la présence de M. Owen, venu exprès d'Angleterre pour assister à cette cérémonie. Nous saisissons avec empressement l'occasion qui vient de nous être offerte ainsi par nos voisins de témoigner à l'illustre directeur du South Kensington Museum, notre fraternelle sympathie.

Il n'a pas dépendu de M. le marquis Bourbon del Monte, non plus que de l'ambassade de Sa Majesté le roi d'Italie à Paris que des tapisseries des offices figurassent à notre exposition, et si leurs pressantes démarches n'ont pas abouti au gré de leur désir, il ne faut s'en prendre ni à leur zèle ni à l'intérêt qu'ils ont si chaudement témoigné à notre entreprise.

Je n'oublierai ni Angers, ni Chartres, ni Reims, ni la commission des monuments historiques, ni la commission de l'histoire de Paris, et aucun des particuliers qui ont accepté de nous seconder en nous confiant les richesses que le public a pu admirer et qui n'ont cessé d'être l'objet des études des artistes et des industriels. Ce bel ensemble, que le terme de notre exposition va disperser pour jamais, ne sera pas sans avoir donné les résultats qu'on en attendait. La commission de perfectionnement des Gobelins y fait de précieuses observations pour son rapport sur l'état de nos manufactures nationales des Gobelins et de Beauvais, et nous savons, d'autre part, qu'un grand ouvrage en perpétuera le souvenir en publiant l'histoire de la tapisserie.

Voilà, assurément, mesdames et messieurs, de bons résultats pratiques à constater. Si on les ajoute à ceux de l'exposition de l'industrie, très brillante étape vers le but de la grande solennité internationale de 1878, on saura quelque gré à notre Société de maintenir en haleine par des efforts constants les travaux qui font l'honneur et la richesse de nos industries d'art.

Mais l'*Union centrale* ne se borne pas seulement à provoquer les fabricants à réunir dans des concours publics les plus brillants produits de l'art appliqué, ni à exposer au musée rétrospectif les chefs-d'œuvre des époques antérieures à notre âge. Elle se préoccupe surtout de fortifier l'éducation artistique en améliorant les conditions de l'enseignement des arts du dessin, et les concours institués à cet effet ont donné cette année des résultats qui ont dépassé les espérances qu'elle avait pu concevoir.

Les observations faites depuis la création de nos expositions ont abouti à démontrer que le dessin est un langage usuel trop négligé dans les premiers enseignements de l'enfance. Nos vœux tendent à le faire adopter comme l'un des plus puissants moyens d'observation pour les plus jeunes élèves des classes primaires.

Nous jugeons que, pour obtenir des résultats rapides et sûrs, il convient que l'enfant soit conduit à examiner et à reproduire tout d'abord et directement les corps qu'il doit dessiner. La reproduction d'après le modèle graphié a l'inconvénient de laisser passives une partie des facultés d'observation, en n'agissant que sur celles infiniment restreintes qui sont mises en jeu pour la copie. L'esprit de l'enfant se fatigue par la lenteur d'un procédé de reproduction pénible et étroite qui ne laisse rien à la vivacité de son imagination ; on n'obtient le plus souvent de lui que le résultat inconscient d'un travail forcé, au lieu d'exciter son ardeur en développant son instinct naturel d'analyse.

Remplacer la copie d'une traduction par la copie directe, en ayant soin de demander au professeur des explications orales, attacher l'enfant à un travail actif qui provoque son intérêt, tel est le premier des principes dont nous demandons l'adoption.

Ceci admis, nous réclamons que l'enseignement du dessin soit donné à tous non pas comme une satisfaction d'agrément, mais bien comme l'auxiliaire indispensable de la lecture et de l'écriture. Il ne faut pas se préoccuper de faire des artistes (ceux-là se font tout seuls), mais des esprits capables de formuler avec précision leurs observations, de telle sorte qu'un corps étant donné, le dessin qui le représente soit suffisamment écrit pour qu'on puisse reproduire le corps lui-même en nature.

C'est pourquoi nous avons exigé dans les épreuves d'essai de nos concours les opérations fort simples, mais rigoureusement indispensables, qui font du dessin l'instrument utile aussi bien à la production qu'à la commande.

Cette réforme, messieurs, fait son chemin; et notre devoir, à nous qui sommes convaincus qu'elle est nécessaire, est d'en faire l'expérience chaque fois qu'il nous est donné de nous faire juger par le public.

Cette année, les établissements qui dépendent de l'État n'ont pas été autorisés par M. Wallon à venir concourir. Il ne faut pas voir dans cette mesure autre chose que ce qui est. Nous n'avons certes pas l'intention de nous imposer; nous ne sommes que décidés à servir par nos expérimentations et à seconder l'œuvre de l'éducation populaire. Nos programmes, qui contiennent des exigences nouvelles, ne répondant pas à l'enseignement en vigueur, il était naturel que l'on n'exposât pas les élèves qui ne sont pas préparés à y répondre à une défaite douloureuse.

Ceux des concurrents qui ont pris part à la lutte ont montré que nos innovations ne sont pas des difficultés, et le témoignage précieux que notre jury des écoles tout entier est venu donner, dans le rapport qui vous sera lu tout à l'heure, à l'entendement que nous avons de l'enseignement rationnel du dessin, nous fait espérer que nous verrons avant peu tenir compte des observations que nous avons avancées en les appuyant de preuves. C'est le rôle de nos sociétés d'initiative de préparer la voie, sans impatience, sans témérité, mais avec une persévérance qui prend sa force dans des convictions réfléchies; elles doivent avant tout prouver qu'elles n'ont d'autre intérêt, d'autre visée que de seconder les efforts de l'administration en lui fournissant des moyens d'étude.

Notre *Union centrale* n'a pas eu d'autre but en vue, et elle croit rendre au pays les services qu'il doit attendre de toute association qui travaille pour lui. C'est ce sentiment très profond qui entretient chez nous le zèle de nos commissions, et qui nous a valu l'estime dont nous nous honorons de recueillir l'expression.

Déjà la critique impartiale nous a rendu justice, en suivant pas à pas nos travaux, et nous avons trouvé, en dehors de notre sein, des encouragements qui nous rendent confiants dans le succès définitif de notre entreprise.

Pour ce qui concerne l'enseignement, une Société importante, celle des instituteurs et institutrices libres du département de la Seine, est venue étudier de près nos doctrines, en accepter le principe, et nous apporter son concours pour leur application. Elle a ouvert chez nous des conférences, et le temps est proche où elle

mettra en pratique les procédés d'un enseignement que vient con-
firmer l'expérience de la méthode d'induction de Pestalozzi et de
Frœbel. De son côté, la *Société pour la propagation des Livres
d'art* a tenu à témoigner à la nôtre toutes ses sympathies, en
mettant à sa disposition ses riches volumes pour qu'ils fussent
offerts en prix aux lauréats des écoles.

Le moment semble donc venu pour nous de développer notre
œuvre prospère, en cherchant à créer un établissement modèle,
qui rassemblerait de puissants moyens d'instruction populaire,
comme ceux qui sont réunis dans les grands musées spéciaux fondés à l'étranger. Notre musée de la place des Vosges n'est qu'un
embryon qu'il faudrait développer. Un groupe d'hommes dévoués à
notre œuvre s'est formé, qui cherche à réunir les moyens nécessaires pour seconder nos vues, et nous aurons à examiner, pour
répondre à ce qu'ils espèrent de nous, si la constitution légale de
notre Société se prête à une combinaison dont ils nous offrent gé-
néreusement les avantages.

Vous le voyez, mesdames et messieurs, chaque étape marque pour
nous un progrès sensible. Mais notre mission, à nous du conseil,
ne consiste pas à jouir paisiblement du spectacle prospère de notre
Société. Nous savons que nous ne conserverons cette prospérité
qu'en entretenant un mouvement fécond au milieu de nous. Nous
avons des améliorations à faire, des projets à étudier, des observations à entendre. Notre œuvre, nous le répétons, n'est point par-
faite ; mais elle est bonne, soyez-en certains, et nous comptons la
faire belle et grande avec l'aide que vous nous donnerez. Son extension sera à la mesure de l'esprit libéral, généreux, conciliant, de
ceux qui constituent notre Société, et du dévouement de ceux qui
la dirigent. Soyez donc assurés que le succès est acquis.

Avant de terminer, mesdames et messieurs, je tiens à offrir à nos
jurys de l'industrie et des écoles l'expression de la gratitude de
l'*Union centrale*. En s'associant à notre œuvre et en acceptant la
charge la plus délicate et la plus lourde pendant le cours de cette
exposition, ils ont rempli une mission dont nous ne pouvons trop
les remercier.

Les rapports des diverses sections vous feront apprécier la valeur
de ces laborieuses séances, et vous comprendrez ce que nous devons au zèle des jurés, à celui des secrétaires-rapporteurs, et à la
haute intelligence et impartiale direction des présidents et vice-

présidents, MM. Édouard Dalloz, Eugène Guillaume, Émile Perrin, Gréard et Galland.

Le concours assuré d'auxiliaires aussi dévoués que ceux qui ont accepté les fonctions de jurés est un gage de plus pour la prospérité de notre chère *Union centrale*.

Discours de M. le Directeur des Beaux-Arts.

MESSIEURS,

La direction des beaux-arts a tout d'abord à vous remercier du grand aide que vous venez de prêter à l'enseignement de ses manufactures par l'exposition vraiment splendide de tapisseries, que vous seuls pouviez organiser avec tant de goût et d'entrain. Grâce à vous, Paris et les curieux de l'Europe entière ont pu étudier dans ses phases diverses l'histoire complète d'un art admirable qui n'a fleuri nulle part plus brillamment que dans notre pays de France.

Vous aviez appris que nous avions besoin de cette démonstration parlante pour nous assurer que les Gobelins et Beauvais étaient ou n'étaient pas sortis de la vraie voie que nos manufactures nationales ont pour mission d'enseigner elles-mêmes à l'industrie privée; et je ne vous étonnerai point en vous disant que la commission de perfectionnement des Gobelins, à peine constituée, a voulu venir chercher chez vous, devant cette prodigieuse série de chefs-d'œuvre des différentes époques de la tapisserie, les conclusions naturelles de son rapport. Elle a désiré que notre administration conservât, au profit de nos tapissiers et des élèves de l'École des Gobelins, et surtout au profit des artistes auxquels nous aurions à demander dorénavant des cartons peints pour modèles des tentures dont l'État peut avoir besoin, une série de documents photographiés et coloriés d'après des ensembles et d'après des morceaux empruntés à votre exposition; et ainsi, vous pouvez dès aujourd'hui vous dire que ce que vous venez de montrer au public va être le point de départ de nos efforts nouveaux et de tous les progrès que l'avenir réserve à l'art de la tapisserie. Ainsi aura porté son fruit, et l'aura porté à pleine maturité, l'exposition que vous allez clore dans quelques jours et qui n'aura été ni la moins brillante ni la moins utile entre celles organisées par vous; car c'est la bonne fortune de chacune de vos expositions, messieurs, de laisser après elle le souvenir d'un bienfait à l'art et d'un service au pays.

Quand on se reporte, en effet, vers vos expositions passées, on trouve que vous avez déjà remué bien des idées, et des idées qui toutes pouvaient aboutir à une œuvre intéressante; ainsi j'ai songé parfois que votre avant-dernière exposition, celle qui avait pris pour thème l'histoire du costume, aurait dû se résoudre en une collection ethnographique, dans le genre de celles que montrent avec fierté certaines nations du Nord; or un tel musée des costumes nationaux manque absolument à la France. Je sais bien qu'on dit toujours, et souvent avec raison, que l'espace fait défaut dans nos monuments pour le développement de pareilles collections. Mais, en cherchant bien, il me semble que, dans le château de Saint-Germain, par exemple, à côté et à la suite des très curieuses séries de l'art préhistorique ou de l'art gallo-romain, quelques salles encore vacantes pourraient servir à l'établissement d'une collection des costumes de nos ancêtres ou des derniers costumes de nos provinces, comme vient de le commencer pour le costume militaire, au musée des Invalides, l'actif et intelligent colonel Leclerc. Si les crédits de nos budgets se trouvaient trop étroits pour parer à de grosses acquisitions dans ce sens, les largesses des particuliers enrichiraient rapidement, je n'en doute pas, le premier noyau déposé là.

Je répète ici l'opinion de plusieurs des savants qui, après avoir admiré dans les pays scandinaves, lors des derniers congrès scientifiques, les séries ethnographiques dont je parle, me disaient qu'à leur connaissance des collections toutes faites et qui se dispersent sans raison et pour bien dire, par désespoir d'être recueillies en lieu sûr, s'offriraient avec empressement à nous. Ce sont là des répertoires de documents bien curieux pour l'histoire et pour les arts, dont nous ne devons pas priver la France, puisque les autres nations les estiment et s'en trouvent bien. Le premier fonds n'en est-il pas tout formé, d'ailleurs, par le groupe d'objets ethnographiques que possède le Louvre et qui y est peu en vue? J'ajouterai qu'un tel musée réchaufferait, aux yeux des visiteurs de Saint-Germain, les moulages très instructifs à coup sûr, très abondants déjà, très savamment classés, rassemblés avec une ardeur très louable et une rare compétence, mais un peu froids par nature, un peu rudes, un peu abstraits, des antiquités gallo-romaines. Ce serait la vie et l'empressement public assurés à jamais à l'un de nos plus curieux monuments de France.

C'est un rêve que je fais là, messieurs, et j'en veux faire un autre encore et qu'il ne dépend que de vous de réaliser.

Celui-là, d'ailleurs, vous l'avez tous rêvé déjà avec moi et votre président y faisait tout à l'heure une assez claire allusion. Messieurs, BON GRÉ MAL GRÉ, IL N'Y A PLUS A RECULER, IL FAUT QUE LE MUSÉE DES ARTS DÉCORATIFS SOIT ET QU'IL SOIT PAR VOUS. C'est un parti à prendre aujourd'hui entre nous; promettons-nous aujourd'hui de le commencer demain; il faut que dans dix-huit mois les étrangers en voient tous les éléments rassemblés n'importe où par vos soins. Il est, en vérité, trop singulier et trop cruel de vous voir recommencer tous les deux ans ce musée décoratif avec des œuvres empruntées aux collections d'amateurs, et puis au bout de deux mois, de voir ce musée, dressé avec un zèle et un art merveilleux, disparaître comme un château de cartes, pour se reconstruire quelques mois plus tard, avec des peines nouvelles, avec des matériaux nouveaux difficilement rassemblés.

Dites-vous bien, rappelez-vous bien à vous-mêmes, qu'avec la moitié des forces inestimables que vous avez dépensées depuis douze ans, pour faire passer sous les yeux du public vos expositions successives, solennités considérables, mais dont il ne reste, après tout, qu'un souvenir brillant qui par la force du temps peu à peu va s'effaçant; avec la moitié de ces forces-là vous auriez créé, vous auriez constitué à demeure un musée riche, puissant, solide, qui porterait votre drapeau et votre devise, un vrai musée vivant, permanent, et tous les jours grossissant. Ce musée, commençons-le aujourd'hui simplement, courageusement, sans prétendre le voir arriver du premier coup aux abondantes richesses du Kensington, mais avec la ferme volonté d'un bon développement profitable à nos industries. Chacun y apportera ce qu'il pourra, et déjà, sur la seule présentation de l'idée, le journal *l'Art*, pronant une initiative qui lui fait grand honneur, a pu rassembler un premier fonds de ressources qui vous garantit l'entrain général le jour où cette idée déclarera tout de bon qu'elle veut se réaliser.

Mais où placer ce musée? En 1870, j'eus l'honneur de proposer à M. Jules Simon, alors ministre des beaux-arts, de consacrer une partie des salles et galeries du palais du Luxembourg aux œuvres des arts décoratifs de notre temps, qui auraient continué dans ce palais l'enseignement qu'y fournissaient déjà au public les ouvrages des arts proprement dits de la peinture et de la sculpture; j'y ai, depuis lors, placé comme pierre d'attente de ce projet quelques vases de Sèvres, quelques tapisseries des Gobelins et de Beauvais; mais il ne nous est pas permis d'attendre que la reconstruction de l'Hôtel de Ville nous rende disponibles les salles du Luxembourg, et il faut chercher ailleurs. Eh bien, messieurs, il semble qu'aujourd'hui même l'Exposition universelle, dont vous êtes le bataillon d'avant-garde, travaille d'instinct pour vous, et elle vous doit bien cela.

Sur les hauteurs du Trocadéro il va s'élever, il s'élève un vaste palais dont le corps sera consacré à une salle immense de fêtes et de concerts. Ce palais aura deux bras enserrant toute la colline et qui sont destinés, en 1878, à l'exposition d'archéologie; ce serait ces deux longues galeries demi-circulaires, distribuées, pour l'usage de 1878, en salles aménagées et bien éclairées, que j'ambitionnerais pour vous, le lendemain du jour où l'Exposition universelle serait close. Le palais corps et bras, appartiendra, dit-on, alors, à la ville de Paris; mais la ville de Paris n'aurait-elle pas tout avantage à voir meubler son palais par la seule collection qui soit capable d'intéresser assez la masse du public, le public des amateurs aussi bien que le public des ouvriers, pour attirer à cette distance la population tout entière de Paris? Or la ville de Paris se donnera-t-elle la charge de former une telle collection?

Nous savons tous que, quand la ville de Paris entreprend une œuvre, elle l'entreprend grandement et n'y épargne ni sa peine ni son argent. Eh bien, malgré tout, je demeure convaincu que ni la ville de Paris ni l'État ne sauraient conduire l'œuvre qui nous occupe avec le même feu, je dirai le même diable au corps, le même esprit de suite, les mêmes ramifications de relations, auxquels l'*Union centrale* nous a habitués dans la poursuite de ses diverses entreprises. Je dirai plus, la faveur intime des amateurs, les libéralités privées, seront plus facilement mises en branle par l'appel d'une société dont chaque membre est, pour bien dire, intéressé à les solliciter familièrement.

Quand il s'agit de l'instruction des cent mille ouvriers qui vivent de l'application des arts à l'industrie et en font profiter la patrie, il n'y a plus place à de vaines questions de primauté d'initiative. Qui créera le mieux et le plus vite ce musée par excellence de l'instruction populaire sera assurément l'organisateur préféré. La ville de Paris est certainement aussi pressée que vous d'avoir son Kensington ; elle vous a prouvé en toute occasion qu'elle appréciait ce que vous tentiez pour le progrès de ses artisans, et il vous suffira de lui rappeler que Lyon a son musée des arts décoratifs approprié à son industrie locale, pour qu'elle ne vous refuse pas les moyens de lui procurer sur une plus large échelle les mêmes ressources d'enseignement, de jour en jour plus nécessaires à l'accroissement de sa splendeur.

Messieurs, nous avons pu longtemps, endormis dans notre quiète vanité, laisser prendre aux nations qui nous entourent une avance bien périlleuse dans toutes les questions d'enseignement et de propagation des méthodes et des modèles ; et nous ne nous sommes aperçus de cette avance prise sur nous qu'à l'heure où, menacés de toutes parts dans ce qui faisait jadis notre incontestable renommée, nous allions nous trouver à la fois sans maîtres et sans apprentis. Ne soyons ni bassement envieux, ni sottement orgueilleux. Admirons et imitons ces voisins qui ont étudié et grandi durant notre sommeil. Ils nous ont emprunté parfois nos plus habiles artistes, et ils ont bien fait ; faisons bien à notre tour en leur empruntant les institutions sensées qu'ils ont créées pour la transformation et l'élévation de leur industrie. Désormais, tant qu'il manquera à la France une de ces institutions qu'ont organisées avec leur patriotisme pratique soit l'Angleterre, soit la Belgique, soit l'Allemagne, honni soit celui d'entre nous qui se reposera avant d'en avoir transporté le plant, la bouture ou la greffe sur le terroir sacré de notre cher pays.

Discours de M. le Vice-Président de l'Union centrale.

Mesdames, Messieurs,

C'est au nom de la section du conseil, chargée de mener à bonne fin l'œuvre de la cinquième exposition de l'*Union centrale*, que je prends la parole pour vous dire, en quelques mots, quels en ont été les résultats.

Vous venez d'entendre notre président vous rappeler le succès moral de notre œuvre ; jamais il n'a été plus grand.

Les principes de l'*Union centrale* en matière d'enseignement reconnus et proclamés; — son président, appelé dans les conseils supérieurs où se discutent les plus hautes questions que l'art soulève; — les membres de votre comité d'administration, de vos jurys, de la commission consultative, désignés pour siéger dans les comités d'admission de l'Exposition universelle de 1878; — des adhérents nouveaux venant grossir vos rangs; — des sympathies anciennes s'affirmant par des actes; — des sympathies nouvelles nous apportant un concours précieux; — une société d'instituteurs libres, dont l'influence s'étend sur plus de 80,000 élèves adoptant vos principes sur l'enseignement du dessin.

Rien n'aura manqué cette année à l'*Union centrale* pour affirmer à tous l'utilité de l'œuvre qu'elle poursuit.

A mon tour, je vous demande la permission de faire passer sous vos yeux quelques faits qui, pour être des détails d'intérieur, n'en sont pas moins importants pour nous.

Et d'abord, jamais un tel concours d'industriels n'était venu affirmer ses sympathies pour l'*Union centrale;* 502 exposants, choisis avec soin, s'occupant tous d'art et d'industrie, ont répondu à votre appel. L'exposition de 1874 n'en comptait que 262.

De nouveaux exposants, et ce ne sont pas les moins remarquables, sont venus essayer leurs armes pour le grand tournoi de 1878; les anciens, ceux mêmes qui ne comptent plus avec les récompenses, ont tenu à honneur de nous encourager par leur présence; le public aussi, curieux de nos solennités, avide de s'instruire et de goûter le plaisir délicat que nous lui offrons, ne nous a pas manqué. Dimanche, 12 novembre, le nombre des entrées constatées était déjà de 194,043, sans compter les cartes gratuites qui ont été distribuées avec la plus grande libéralité, et cependant bien des préoccupations étrangères à l'art éloignaient les fidèles du temple ouvert à leur curiosité.

Le chiffre des recettes provenant des entrées, droits de place, etc., s'est élevé à plus de 260,000 francs, dépassant celui de 1874 de près de 50,000 francs.

Vous le voyez, messieurs, nous sommes en progrès et en progrès de tout genre.

Nécessairement, le budget des dépenses s'est augmenté aussi dans une notable proportion; mais le résultat financier n'en sera pas moins satisfaisant et dépassera celui de 1874, qui, vous vous

en souvenez, avait été le plus remarquable qu'ait obtenu l'*Union
centrale*.

Que deviendra cet excédent de recettes? Ici, messieurs, per-
mettez-moi de vous rappeler que notre Société est toute désinté-
ressée, et que les membres du conseil d'administration, comme les
actionnaires, ont fait, en y entrant, vœu de sacrifice et d'abnéga-
tion personnelle.

Tout, messieurs, — entendez-le bien, — tout est destiné à développer l'œuvre que nous poursuivons.

Déjà, après l'exposition de 1874, le siège social de l'*Union centrale*, établi dans un local restreint, devenu insuffisant pour ses
collections et ses nombreux visiteurs, avait été triplé sans quitter
la place des Vosges; il est à la veille d'être agrandi encore.

Son musée, sa bibliothèque surtout, ont été enrichis, et que nos
lecteurs et nos jeunes artisans se réjouissent; car c'est pour eux
que nous voulons augmenter nos trésors.

Mais l'accroissement de ses richesses n'est pas dû seulement à
nos propres ressources, et nous serions ingrats si nous ne saisis-
sions pas l'occasion d'adresser ici publiquement nos remerciements
à M. le ministre de l'instruction publique, à M. le directeur des
beaux-arts et aux nombreux donateurs qui sont venus contribuer à
enrichir nos collections.

Peut-être touchons-nous au moment où il nous sera donné de les
augmenter assez pour que nous n'ayons rien à envier à nos voisins;
une Société amie se crée et veut fondre ses efforts avec les nôtres.
Qu'elle soit la bienvenue; elle trouvera dans notre passé les éléments du succès futur.

Les différentes expositions rétrospectives que nous avons organisées ne devaient-elles pas, en effet, être des étapes nécessaires,
qu'il fallait parcourir avant de songer à cette œuvre.

Celle de cette année, en mettant sous les yeux du public l'histoire de la tapisserie, classée par époques et par ateliers, laissera
le souvenir du plus magnifique ensemble qu'il était donné de rassembler, ensemble si merveilleux qu'il a « étonné et charmé ceux
mêmes qui l'avaient organisé ».

Ouverte le 1er août, au jour fixé, l'exposition des tapisseries
était complète. Elle aura été, pour tous ceux qui l'auront examinée
avec soin, une grande leçon d'art décoratif.

La collection des dessins et moulages des monuments historiques, mis pour la première fois à Paris sous les yeux du public, laissera aussi sa trace dans les œuvres de nos artistes, et la réunion des dessins relatifs à l'histoire de Paris sera le premier jalon posé par nous pour une œuvre plus complète.

A tous ces attraits qui témoignent de sa sollicitude pour préparer les éléments des succès futurs de nos industries d'art, l'*Union centrale* avait, cette année, ajouté une innovation, dont elle attend pour l'avenir le meilleur résultat.

Elle a ouvert gratuitement ses portes aux artistes de l'industrie.

En les invitant à exposer les dessins et modèles qui n'ont pas encore été reproduits, et en organisant pour la première fois le Salon des beaux-arts industriels, elle a voulu faire acte de justice et faciliter les rapports des artistes et des fabricants.

Dans cinq jours, cet ensemble réuni à grand'peine sera dispersé, et, de ces chefs-d'œuvre comme du succès de l'exposition de 1876, il ne restera bientôt plus que le souvenir.

S'il est dû à chacun de vous, messieurs les exposants; s'il a été bien préparé par le talent de notre architecte, M. Lorain; s'il a été entretenu par l'habileté administrative de notre secrétaire général, M. Sensier, permettez-nous de rappeler ici quels concours dévoués nous avons trouvés pour mener notre œuvre à bonne fin :

La commission consultative en préparant les travaux de la cinquième exposition, animée par l'ardeur entraînante de son président;

La commission exécutive de l'histoire de la tapisserie, en organisant ce merveilleux musée par les soins éclairés de son président, l'éminent directeur de la manufacture des Gobelins, M. Darcel, et de son collaborateur M. Jolly, administrateur du mobilier national;

MM. Muntz, Guiffrey, Viollet-le-Duc, Courajod, en rédigeant le catalogue qui en perpétuera le souvenir;

Les amateurs en se dessaisissant de leurs richesses pour compléter cette histoire et pour esquisser celle de notre vieux Paris;

Tous nous ont puissamment secondés.

M. le marquis de Chennevières, directeur des beaux-arts, toujours le premier quand il s'agit d'aider l'*Union centrale* dans son œuvre de vulgarisation, a bien voulu mettre à notre disposition la collection des monuments historiques, et l'ancien directeur des bâtiments civils, M. le comte de Cardaillac, dont l'appui ne nous a jamais manqué, avait, cette année comme les autres, mis gratuitement le palais des Champs-Élysées à notre disposition.

A tous, nous disons : Merci, l'*Union centrale* sait ce qu'elle vous doit et ne sera pas ingrate.

Mais, n'oublions pas, messieurs, les membres de ces deux jurys, qui ont consacré de nombreuses séances, souvent des journées entières, à l'examen de vos travaux. L'*Union centrale* les remercie tous, dans la personne de leurs présidents, du jury d'industrie, MM. Dalloz et Galland, et du jury des écoles, MM. Guillaume, Gréard et Perrin.

Leur œuvre a été laborieuse, et les médailles qui vont vous être décernées n'en auront que plus de mérite à vos yeux; car les choix ne sont devenus définitifs qu'après de longues et sérieuses discussions des titres de chacun.

L'*Union centrale* aura vu, cette année, ses espérances consacrées dans la sanction donnée par le jury des écoles aux modèles solides que quelques-uns d'entre nous se sont donnés la patriotique mission de créer; et des études de ce jury, sortira, nous en sommes convaincus, la résolution, si importante pour notre pays, de rendre le dessin obligatoire à l'école primaire et de donner ainsi, aux jeunes intelligences qui s'éveillent, le sentiment de la forme, en même temps que les moyens d'exprimer leur pensée par l'écriture ou par le dessin.

Nos efforts pour répandre en France l'enseignement du dessin, nos progrès dans cette voie, sont suivis avec intérêt, non seulement dans notre pays, mais encore au dehors.

Je n'en veux pour témoin que l'éminent directeur du musée de Kensington, M. Owen, dont la gracieuse obligeance nous a permis de combler certaines lacunes de notre histoire de la tapisserie.

Sa présence à notre solennité de ce jour est la consécration de nos efforts et de nos succès.

Saluons en lui l'un des plus chauds et des plus sympathiques amis de notre pays.

Les concours des écoles et de l'industrie ont été aussi jugés avec un soin digne de leurs qualités; jamais, en effet, ils n'avaient été plus remarquables.

Renonçant, cette année, à l'exposition libre des travaux exécutés dans les écoles pendant les derniers dix-huit mois, l'*Union centrale*, frappée de l'insuffisance des méthodes de l'enseignement du dessin, s'est appliquée à provoquer une série de concours qui devaient être exécutés, soit en dehors d'elle, soit sous ses yeux, au palais des Champs-Élysées, mais sur un programme parfaitement défini et répondant à ses principes.

Elle a demandé à ses concurrents des dessins exécutés d'après un solide, image de la nature, seul corps devant lequel les facultés d'observation de l'élève trouvent à s'exercer.

Les résultats ont dépassé toutes ses espérances. Plusieurs des prix promis ont été doublés ; l'un d'eux a dû même être triplé.

Les concours de composition exécutés au palais de l'Industrie ont présenté les résultats les plus satisfaisants. De grands progrès ont été réalisés depuis dix-huit mois. Chacun a pu voir sur les galeries de la nef l'exposition de ses concours, et si nous avons été frappés en 1874 des résultats insuffisants de la plupart des reproductions du vase donné comme modèle, nous avons constaté que les copies exposées cette année avaient donné par les diverses opérations du plan, de la coupe et de l'élévation, une reproduction assez exacte du sujet choisi, pour que, au besoin, un vase complet pût être exécuté d'après elles.

Le concours du grand prix de l'*Union centrale* n'a pas été moins remarquable.

Celui qui l'a mérité, cette année, se rappellera, en suivant les enseignements de l'atelier paternel, que noblesse oblige, et nous l'attendons avec confiance à nos prochaines expositions.

Ses devanciers ont déjà fait leurs preuves. L'un d'eux, marchant dans la voie que vous lui avez ouverte, a su réaliser élégamment et donner une forme matérielle et vivante aux principes d'enseignement que l'*Union centrale* veut faire prévaloir.

L'autre, s'inspirant du milieu où il a toujours vécu, a su revêtir les produits céramiques qu'il fabrique d'une grâce juvénile et nouvelle.

Tous deux vont recevoir, cette année, un témoignage éclatant de votre sollicitude bienveillante ; mais que ces hautes récompenses qu'ils reçoivent au début de leur carrière ne soient considérées par eux que comme l'encouragement du père de famille, qui veut que son fils grandisse, prospère, et trouve dans les marques de sa tendresse une incitation plus pressante encore au travail.

Travaillez donc, jeunes gens ; travaillez, vous aussi, industriels ;

songez que dix-huit mois à peine nous séparent d'une autre Expo
sition, grande solennité où nous serons appelés tous à donner la
mesure de nos progrès devant des juges envoyés par des nations
rivales.

Ne nous laissons pas ravir la supériorité que nos pères nous ont
léguée.

Si obscur que soit l'effort de chacun, il comptera dans la mêlée,
soyez-en sûrs. Vous, artistes, peintres ou sculpteurs, faites vivre la
matière ; fondeurs, donnez-lui la durée ; ciseleurs, perfectionnez
sa forme ; émailleurs, céramistes, ajoutez le charme de la couleur ;
tapissiers, ébénistes, décorateurs, vous tous, enfin, artisans, travaillez à maintenir à notre pays cette supériorité dans les arts de
la paix. Ce sera notre manière à nous, soldats de l'industrie, de
combattre pour la France.

Ces trois allocutions, qui résument d'une manière si nette
les efforts du passé, le succès du présent et les espérances de
l'avenir, sont accueillies par de chaleureux applaudissements.

LISTE

DES

RÉCOMPENSES DÉCERNÉES AUX ÉCOLES

CONCOURS DES DÉPARTEMENTS

Concours pour les lycées et collèges.

Un fragment de corniche du bandeau provenant de la Sainte-Chapelle
de Paris (XIIIᵉ siècle).

Concours de copie d'après le relief.

1ᵉʳ *Prix :* M. MARÉCHAL, de l'École de la Société industrielle de
Reims.

2ᵉ *Prix :* M. VERMONET, de l'École de la Société industrielle de
Reims.

1ʳᵉ *Mention ex æquo :* MM. GUYARD et MOULINOT (Pierre), pensionnat de Saint-Vincent-de-Paul, à Corbigny (Nièvre).

2ᵉ *Mention :* M. RAFFIN (Alfred), cours municipal de dessin
d'Auxerre, dirigé par M. Passepont.

Concours pour les écoles municipales.

Chapiteau d'un pilastre du tombeau de Louis XII, à l'église abbatiale
de Saint-Denis (XVIᵉ siècle).

Concours de copie d'après le relief.

1ᵉʳ *Prix :* M. DEZÉRAUX, de l'École d'Orléans.
2ᵉ *Prix :* M. LECLERC, de l'École municipale de Beauvais.
1ʳᵉ *Mention ex æquo :* M. RAPIN, de l'École d'Orléans, et M. GUÉ-

RIN, de l'École communale de Chateaubriand ; professeur, M. Delaunay.

2° *Mention ex œquo :* MM. FRAPPÉ et HAYNE, de l'École municicipale d'Auxerre, dirigée par M. Passepont.

Écoles municipales de Douai, Limoges, etc.

Concours de composition : Un vase à boire.

1er *Prix ex œquo :* Mlles DAVID (Marie) et PERRET (Jeanne), de l'École des beaux-arts appliqués à l'industrie de Limoges.

2e *Prix ex œquo :* Mlles BOULLUD (Rose), THARAUD (Julia) et M. BESSE (E.), de l'École des beaux-arts appliqués à l'industrie de Limoges.

1re *Mention ex œquo :* Mlles GOUITRON (Jeanne), VALLETTE (L.), CEYLAN (Louise) et BOUCHERON (Louise), de l'École des beaux-arts appliqués à l'industrie de Limoges.

Mention : Mlles BOULLUD (Rose), GROS (Marie) et GUILLOE (Amélie), de l'École des beaux-arts appliqués à l'industrie de Limoges.

Mention : MM. BARREZ (Victor) et TAILLIEZ (Auguste), de l'École d'architecture de Douai ; professeur, M. Guillet.

CONCOURS DES ÉCOLES DE PARIS

EXÉCUTÉS AU PALAIS DE L'INDUSTRIE.

9 *octobre* 1876.

Concours pour les écoles primaires.

(GARÇONS.)

(DESSIN D'APRÈS LA BOSSE.)

Copie d'un fragment d'un bandeau de la Sainte-Chapelle de Paris :
Feuille de fraisier.

41 élèves inscrits.

1er *Prix :* M. DUVAL, institution Sylvestre.

2e *Prix :* M. NARBONNE (Eugène), de l'École primaire de la rue Saint-Honoré, 336 ; professeur, M. Barnoin.

1re *Mention :* M. Housseau (Auguste), de l'École primaire, rue Alésia (14e arr.) ; professeur, M. Pélissier.

2e *Mention ex œquo :* M. Hubert (Georges), de l'institution de MM. Rauber frères, et M. Gérard, de l'École primaire de la rue du Sentier, 21 ; professeur, M. Barnoin.

Concours pour les écoles primaires,

(FILLES.)

Personne ne s'est présenté.

---

15 *octobre* 1876.

Concours pour les écoles nationales de dessin et mathématiques, des Gobelins, et les écoles subventionnées de la ville de Paris.

(GARÇONS.)

Décoration murale pour peinture ou sculpture, consistant en un cadre de 3 mètres de haut sur 2m,25, à angles extérieurs droits, contenant sur le champ central un cartouche ou médaillondestiné à recevoir un sujet.

54 concurrents inscrits.

SCULPTEURS.

1er *Prix :* M. Dinkel, de l'école subventionnée de la ville de Paris, 10e arrondissement, dirigée par M. Lequien fils.

2e *Prix :* M. Badoulleau, de l'école subventionnée de la ville de Paris, 3e arrondissement, dirigée par M. Levasseur.

Mention : M. Goelzer, de l'école subventionnée de la ville de Paris, 10e arrondissement, dirigée par M. Lequien fils.

Mention : M. Convers, de l'École nationale de dessin et mathématiques, dirigée par M. Laurent-Jan.

DESSINATEURS.

1er *Prix :* M. Loron, de l'école subventionnée du 10e arrondissement, dirigée par M. Lequien fils.

2e *Prix ex œquo :* M. Duraux, de l'école subventionnée du

2.

2e arrondissement, dirigée par M. Laporte. et M. WARET, de l'école subventionnée du 3e arrondissement, dirigée par M. Levasseur.

1re *Mention ex æquo :* M. MUNIER, de l'École nationale des Gobelins, et M. CORDONNIER, de l'École nationale de dessin, rue de l'École-de-Médecine, dirigée par M. Laurent-Jan.

2e *Mention :* M. DUPRAS, de l'école subventionnée du 3e arrondissement, dirigée par M. Levasseur.

3e *Mention :* M. LEBART, de l'école subventionnée du 2e arrondissement, dirigée par M. Laporte.

4e *Mention :* M. GIRALDON, de l'école subventionnée du 10e arrondissement, dirigée par M. Lequien fils.

5e *Mention :* M. BOULIGAUD, de l'école subventionnée du 10e arrondissement, dirigée par M. Lequien fils.

Concours pour les écoles nationales de dessin et écoles subventionnées de la ville de Paris.

(JEUNES FILLES.)

Concours de composition : Une plaque de ceinture.

Cette parure peut être traitée avec un métal unique plein ou ajouré. — On peut y joindre des émaux partiels, des pierres précieuses. — Elle peut être entièrement émaillée. — Grandeur d'exécution.

40 jeunes filles ont été admises au concours.

1er *Prix :* Mlle BION, de l'école subventionnée du 6e arrondissement, dirigée par Mme Thoret.

2e *Prix ex æquo :* Mlle GARNIER (Angelina), de l'école subventionnée du 3e arrondissement, dirigée par Mme Levasseur, et Mlle PICHON, de l'École nationale de dessin, dirigée par Mlle Marandon de Montyel.

Mention : Mlle BARBAROT (Élisa), de l'école subventionnée du 2e arrondissement, dirigée par Mme Froidure de Pelleport.

Mention : Mlle MACRET (Hélène), de l'école subventionnée du 3e arrondissement, dirigée par Mme Levasseur.

Mention : Mlle CHAMPELAUX (Célina), de l'école subventionnée du 6e arrondissement, dirigée par Mme Thoret.

Mention : Mlle Parisot de Sainte-Marie, de l'école subventionnée du 17e arrondissement, dirigée par Mme Mallet.

Mention : Mlle Brazon (Camille), de l'école subventionnée du 17e arrondissement, dirigée par Mme Mallet.

Mention : Mlle Burgkan (Berthe), de l'École nationale de dessin, dirigée par Mlle Marandon de Montyel,

---

Dimanche 22 octobre 1876.

Concours pour les cours d'adultes de la ville de Paris, les écoles des frères de la rue Oudinot et de Passy, les frères des lycées et colléges de Paris et des écoles Turgot, Chaptal et Monge.

Concours de composition : L'angle d'un cadre riche, avec amorce de la bordure.

80 élèves inscrits.

1er *Prix :* M. Berquignolle (Charles), de l'École municipale du 13e arrondissement, dirigée par M. Flament.

2e *Prix :* M. Brux (André), de l'École municipale du 9e arrondissement, dirigée par M. Aumont.

Mention : M. Mantelet (Albert), de l'École municipale du 10e arrondissement; professeur, M. Laporte.

Mention : M. Hénaut (Charles), de l'École municipale du 13e arrondissement, dirigée par M. Flament.

Mention : M. Boilot (Alfred), de l'École municipale du 17e arrondissement; professeur, M. Chadesson.

---

14 octobre 1876.

Concours pour les cours spéciaux.

FONDÉS PAR LA CHAMBRE SYNDICALE DE LA BIJOUTERIE, LA CHAMBRE DE COMMERCE, LE PENSIONNAT DES FRÈRES DE SAINT-NICOLAS ET LES ÉLÈVES DES ATELIERS.

Concours de composition : Anses d'un bassin portatif.
Dessin de face et de profil de l'une des anses, joint à un croquis d'ensemble.
Indiquer la matière choisie.

11 concurrents se sont présentés au concours.

Pas de premier prix.

2e *Prix :* M. Baud, élève de M. Carlier.

Mention : M. Barteling, élève de l'École de la bijouterie.

16 *octobre* 1876.

Concours pour les jeunes filles des ateliers et institutions particulières, élèves des écoles professionnelles.

Concours de composition : Un motif de dessin de fond sans fin ou à répétition pour broderie ou applique sur étoffes ou pour tissu ou papier imprimé, en camaïeu ou en couleur, avec indication du mode industriel auquel la composition est destinée. — Grandeur d'exécution.

25 concurrentes se sont présentées.

Pas de premier prix.

2ᵉ *Prix* : Mᶦˡᵉ Letellier, élève du cours de M. Lequien fils.

Mention : Mᶦˡᵉ Labbé, élève de l'École professionnelle Lemonnier, dirigée par Mᵐᵉ Pontarly.

Mention : Mᶦˡᵉ Larsonneur (Marie), élève de l'École professionnelle Lemonnier, dirigée par Mᵐᵉ Charpin.

---

17 *octobre* 1876.

Concours du grand prix.

(GARÇONS.)

ÉPREUVE D'ESSAI.

L'épreuve d'essai consiste dans les dessins à vue d'un vase chinois ou japonais en perspective et rendu à l'effet. A ces dessins seront joints le plan, la coupe et l'élévation du vase. Aucune épreuve d'essai ne peut être rendue autrement qu'en dessin, le choix du procédé étant d'ailleurs laissé au choix du concurrent.

48 jeunes gens inscrits.

N° 1 de classement : M. Steiner et M. Cordonnier, élèves de l'École nationale de dessin et mathématiques.

N° 2 de classement : M. Galland, élève de son père, et M. Loron, élève de l'école subventionnée du 10ᵉ arrondissement, dirigée par M. Lequien fils.

N° 3 de classement : M. Bordier, élève de l'école subventionnée du 2ᵉ arrondissement, dirigée par M. Laporte ; M. Ruy, élève de l'École des beaux-arts ; M. Mittey, élève de l'école subventionnée du 10e arrondissement, dirigée par M. Lequien fils ; M. Cuzin, élève de l'école subventionnée du 3e arrondissement, dirigée par M. Levasseur, et M. Devienne.

N° 4 de classement : M. Claude, élève de M. Galland ; M. Vierne, élève de l'École nationale de dessin et mathématiques ; M. Couty, élève de M. Galland ; M. Nel, élève de l'école subventionnée du 10e arrondissement, dirigée par M. Lequien fils.

N° 5 de classement : M. Lamy et M. Perard, élève de l'École nationale de dessin et mathématiques.

---

17 *octobre* 1876.

Concours du grand prix.

(DEMOISELLES.)

ÉPREUVE D'ESSAI.

L'épreuve d'essai consiste dans les dessins à vue d'un vase chinois ou japonais en perspective et rendu à l'effet. A ces dessins seront joints le plan, la coupe et l'élévation du vase. Aucune épreuve d'essai ne peut être rendue autrement qu'en dessin, le choix du procédé étant d'ailleurs laissé au choix de la concurrente.

38 demoiselles inscrites.

N° 1 de classement : Mlles Pichon et Maury, de l'École nationale dirigée par Mlle Marandon de Montyel.

N° 2 de classement : Mlles Larsonneur et Apeldoorn, de l'École professionnelle Lemonnier, rue de Laval.

N° 3 de classement : Mlles Rodriguez. de l'école subventionnée du 2e arrondissement dirigée par Mme Froidure de Pelleport, et Mlle Brousinowska, de l'École nationale de dessin dirigée par Mme Marandon de Montyel.

Mentions après classement : Mlles Champelaux, de l'école subventionnée du 6e arrondissement, dirigée par Mme Thoret ; Hérigny, de l'école subventionnée du 2e arrondissement dirigée par Mme Froidure de Pelleport ; Kron-Méni, de l'École professionnelle Lemonnier, rue de Laval, et Dubergur, de l'école subventionnée du 6e arrondissement, dirigée par Mme Thoret.

---

18 *octobre* 1876.

GRAND PRIX DE L'UNION CENTRALE

Sujet de la composition : Une fontaine pour une petite cour
de hu't mètres de côté.

86 élèves inscrits.

1er *Prix* : M. GALLAND (Jacques), élève de son père.

2e *Prix ex œquo* : M. COUTY (Edme), élève de M. Galland, et
M. GARDET (Joseph), élève de l'École nationale de dessin et mathématiques, dirigée par M. Laurent-Jan.

Mentions honorables sans autre ordre que l'ordre alphabétique.

Mlle LARSONNEUR (Marie), élève de l'École Lemonnier, rue de Laval.

MM. BAUDELOT, élève de l'École nationale de dessin et mathématiques.

CONVERS (Louis), élève de l'École nationale de dessin et mathématiques.

CORDONNIER, élève de l'École nationale de dessin et mathématiques.

DESCHAMPS, élève de l'école subventionnée du 3e arrondissement, dirigée par M. Levasseur.

DEVIENNE, élève de l'École nationale des beaux-arts.

GOELSER, élève de l'école subventionnée du 10e arrondissement,
dirigée par M. Lequien fils.

MORAND, élève de M. Galland.

REY, élève de l'École nationale des beaux-arts.

SECTION DU MATÉRIEL.

Médailles d'argent.

MM. le capitaine GRANDJEAN, collaborateur déclaré de M. Delagrave.

LENOIR ET Cie, matériel d'écoles.

EHRARD, graveur géographe.

Médailles de bronze.

MM. LAMOTTE (Charles), instruments de mathématiques, et BER-
TAUX, cartes et sphères.

Mentions honorables.

MM. Bonnange (Ferdinand), répertoires à fiches mobiles; Faugé, instruments de mathématiques; Mayoux, Honoré et C¹ᵉ, éditeurs.

Mᵐᵉ Mounaix, directrice du cours normal primaire de la Société des instituteurs et institutrices libres de la Seine.

SECTION DE L'ENSEIGNEMENT

Hors concours : MM. Delagrave (Charles) et Forestier.

Rappel de médaille d'argent.

M. Chabat, architecte, pour son cours de dessin d'architecture.

Médailles d'argent.

MM. Delarue et fils, éditeurs d'estampes, pour le cours d'ornement.
Monrocq, éditeur d'estampes, pour le cours de M. Balze.
Cernesson (L)., architecte.
Cottillon (Johannès), professeur de dessin géométrique.

Médailles de bronze.

MM. De Vesly, professeur à la Société d'encouragement de Rouen.
Suzanne, éditeur de modèles d'architecture en relief.

LISTE DES RÉCOMPENSES

DÉCERNÉES

AUX EXPOSANTS DES INDUSTRIES D'ART

PREMIÈRE SECTION.

CLASSE I.

Œuvres originales des artistes composées en vue de servir
de modèles à l'industrie.

Hors concours.

MM. Choiselat, sculpteur ornemaniste.

Chéret, sculpteur.

Villeminot, sculpteur.

Prignot père, professeur et dessinateur pour l'industrie.

Sauvrezy, fabricant de meubles.

Médaille d'or.

M. Chédeville (Léon), sculpteur, grand prix de l'*Union centrale*
en 1869.

Médailles d'argent.

MM. Avisse, sculpteur.

Moreau (Auguste), sculpteur.

Prignot fils, dessinateur.

Rappel de médailles de bronze.

M. Lenoir (Félix), dessinateur.

Médailles de bronze.

MM. Cadour et Radouan, sculpteurs.

Verchère, sculpteur.

Mentions honorables.

MM. Martin, sculpteur.

Poterlet fils, papiers peints (modèles).

MM. Delsescaux, peintre décorateur.
Dubuisson, dessinateur.
Mérigot, dessinateur.

2ᵉ SECTION.

CLASSE II.

Art appliqué à l'architecture.

CLASSE III.

Art appliqué à la sculpture monumentale sur marbre, pierre et bois, etc., etc.

Médailles d'argent.

MM. Trinocq (Abel), peintre décorateur.
Bohn, sculpteur.
André, ingénieur constructeur.
Morand.

Rappels de médailles de bronze.

MM. Chaignon, peintre décorateur.
Lenoir (Henri), graveur mosaïste.

Médailles de bronze.

MM. Bourgogne, artiste peintre.
Bouvais (Émile), décorateur.

Mentions honorables.

MM. Brault, fabricant de terre cuite.
Dubos (A.-Paul) et Cⁱᵉ, statues en béton.
Torchon, mosaïques Viccat.

3e SECTION.

CLASSE IV.

Art appliqué à la tenture de l'appartement.

CLASSE V.

Art appliqué au mobilier.

CLASSE XI.

Art appliqué aux articles divers.

Hors concours.

MM. SALLANDROUZE DE LAMORNAIX, tapissier.
CHOCQUEEL (Louis), tapissier.
ROUX (François), ébéniste.
GODIN (Auguste), ébéniste.
DIEHL, ébéniste.
PLEYEL, WOLFF et Cie, facteurs de pianos.
CAVAILLÉ-COLL, orgues d'église.
MERCIER (Victor), fabricant de tabatières.

Médaille d'or.

M. WALMEZ, tapissier.

Rappels de médailles d'argent.

MM. MEUNIER (Charles) et Cie 1, grande maison de blanc.
RAULIN, laqueur.
Veuve SORMANI (Paul) et fils, maroquinerie.
MALIDOR (Émilie), écrans.
LESORT, relieur.

Médailles d'argent.

MM. TRESCA, tapisseries sur canevas.
MUNZ, ébéniste.
DAMOM, NAMUR et Cie, ébénistes.
DIENST, ébéniste.
CANONICA, sculpteur.
BINDER, carrossier.

1. Se confondant avec la médaille d'or obtenue dans la classe X.

MM. ROGERET, fabricant d'écaille.
CLÉRAY, fabricant d'écaille.
KEES, éventailliste.
FAVIER, fleurs artificielles.

Médailles d'argent (Coopérateurs).

MM. LIGAUT (Auguste) (maison Meunier et Cie).
GERMAIN, sculpteur (maison Godin).
GAUVIN (maison Lainé).

Rappels de médailles de bronze.

MM. DROUARD (Jules), meubles.
LEMAIGRE, tapissier.
LAINÉ, arquebusier.
RAVENET, articles de Paris.
BÉNÉZIT, fleurs artificielles.
GIRAUDON, gainerie.
Mme TERRÈNE, jouets artistiques.

Médailles de bronze.

M. BRUNO, tentures végétales.
Mlle SAVOURÉ (Cécilia), tapisseries.
MM. HERTENSTEIN fils, meubles.
GALLAIS et SIMON, meubles.
DE LACHEYSSERIE (Compagnie du Mobilier artistique de la Drôme).
POIRIER, marqueteur.
TANGS, sculpteur.
VOISIN, éventailliste.
WENDELIN, maroquinier.
LARIVIÈRE et fils, couteliers.
MUZET, coiffures.
Mme MERLE, jouets.
M. BOUVIER, anatomiste.

Médailles de bronze.

MM. MONTILLOT (Antony) (maison Meunier et Cie).
BOUQUET (maison Kees).
DONZEL (maison Kees).

Mentions honorables.

Mme Corette, tapisserie.

MM. Coupard, stores.

Pothé, meubles.

Bay et Kriéger, meubles.

Muller et fils, meubles.

Admira et Louault, meubles.

Baulard, miroirs.

Marx, canapés-lits.

Leroux, canapés-lits.

Liébard, éventailliste.

Faucon, éventailliste.

Mlles Jumon, peintre éventailliste.

Rebeyrol, peintre éventailliste.

MM. Andreux, jouets.

Lacornée, relieur.

Mentions honorables (Coopérateurs).

M. Fosse (Raphaël) (maison Meunier et Ce).

Mlle Norblin (maison Kees).

M. Scheffer (maison Bouvier).

Mme Garrant (maison Voisin).

4e SECTION.

CLASSE VI.

Art appliqué aux métaux usuels.

Hors concours.

MM. Barbedienne, fabricant de bronzes.

Denière, fabricant de bronzes.

Servant, fabricant de bronzes.

Durenne, fondeur.

Lemaire (Auguste), fabricant de bronzes.

Grados (Léon) et Périn, ornements en zinc.

Cornu (Eugène), bronze et onyx.

Blot et Drouard, bronze imitation.

Médaille d'or.

M. Houdebine (Henri), fabricant de bronzes.

Médaille d'or (Coopérateurs).

M. Robert (Alphonse), sculpteur ornemaniste.

Rappels de médailles d'argent.

MM. Bergues, serrurier d'art.
Chabrié et Jean, appareils à gaz.

Médailles d'argent.

MM. Boyer fils frères, fabricants de bronzes.
Chertier, fabricant d'orfèvrerie d'église.
Boucher frères, fabricants de bronzes.
Meissner, modeleur ciseleur.
Morand (se confond avec celle obtenue dans la classe II).

Médailles d'argent (Coopérateurs).

MM. Gauthier, ciseleur (maison Servant).
Hébert (Émile), sculpteur (maison Servant).
Dumaige, sculpteur (maison Lemaire).
Mme Bertaux (Léon), sculpteur (maison Servant).

Rappel de médaille de bronze.

M. Bodart (Emmanuel), serrurier d'art.

Rappel de médaille de bronze (Coopérateurs).

M. Ducro, sculpteur (maison Denière).

Médailles de bronze.

MM. Veuve Buffet et Cᵉ, lampes et bronzes.
Acier, fabricant de bronzes.
Doré, appareils à gaz.
Dinée, fabricant de bronzes.
Bodart (Jean-Baptiste), serrurier d'art.
Rouillard, serrurier d'art.
Véry-Ménesson, graveur ciseleur.

Médailles de bronze (Coopérateurs).

MM. Boulnois (maison Servant).
Baudet, émailleur (maison Servant).

MM. Gautruche, doreur décorateur (maison Servant).
Grégoire, sculpteur (maison Boyer et Houdebine).
Acat, sculpteur (maison Boyer fils).
Blondel, ciseleur (maison Lemaire).
Grenier, ciseleur (maison Lemaire).
Gosset, dessinateur (maison Houdebine).
Delaunay, monteur (maison Houdebine).
Germain, sculpteur (maison Meissner).
Barré, chef d'atelier (maison Denière).

Rappels de mentions honorables.

MM. Pautrot et Vallon, fabricants de bronzes.
Pinédo, fabricant de bronzes.

Mentions honorables.

MM. Bernoux, horloger.
Veuve Travers et fils, fabricants de bronzes.
Folet et Guérin, fabricants de bronzes.
Busson et Sallandri, fabricants de bronzes.
Boisville, monteur.
Guilmet, horloger.
Margaine, horloger.
Motet, appareils à gaz.
Tostain, glaces et bronzes.
Marchi (Salvator), bronzes d'art.
Lavaud, serrurier artistique.
Masson, orfèvre.

Mentions honorables (Coopérateurs).

MM. Possard (maison Boyer fils frères).
Detournay (maison Lemaire).

5ᵉ SECTION.

CLASSE VII.

Art appliqué aux métaux et aux matières de prix.

Hors concours.

MM. Bissinger, graveur.
Boucheron, bijoutier.

MM. Christofle et Cⁱᵉ, orfèvrerie.
  Falize aîné et fils, bijoutiers.
  Philippe (Émile), bijoutier.
  Sandoz, horloger.
  Veyrat et fils aîné, orfèvrerie.
  Rodanet, horloger, comme membre du jury.

Médaille d'or.

M. Chertier, orfèvrerie d'église.

Rappels de médailles d'argent (Coopérateurs).

MM. Debut, dessinateur (maison Boucheron).
  Guignard, galvanoplastie (maison Christofle et Cⁱᵉ).
  Tard, cloisonneur (maison Christofle et Cⁱᵉ et Falize).

Médailles d'argent.

MM. Garreaud, lapidaire.
  Philippi, bijoutier.

Médailles d'argent (Coopérateurs).

MM. Honoré, ciseleur (maison Falize).
  Legrand (Paul), dessinateur (maison Boucheron).
  Soury, graveur (maison Falize).
  Pye, cloisonneur (maison Falize).
  Demayère, graveur dessinateur (maison Sandoz).

Médailles de bronze.

MM. Bouquet (Louis), orfèvre.
  Brateau (Paul), ciseleur.
  Charleux, bijoutier monteur.
  Destapes (Alexandre), graveur.
  Fouquet, bijoutier-joaillier.
  Gerbier (Louis), graveur sur acier et médailles.

Médailles de bronze (Coopérateurs).

MM. Chardon, contremaître (maison Falize).
  Glachand, orfèvre (maison Falize).
  Houillon-Hamel, émailleur (maison Falize).
  Mareix, contremaître (maison Philippe).
  Martin, graveur à l'eau-forte (maison Chertier).
  Desandré (Richard), ciseleur (maison Chertier).
  Guérin, bijoutier (maison Sandoz).
  Mathey, graveur (maison Sandoz).

Mentions honorables.

MM. BOURCIER, bijoux imitation.
HUOT (Gustave)[1], graveur ciseleur.
VOLLERIN-RAIN, bijoutier.

Mentions honorables (Coopérateurs).

MM. LAHAYE, graveur (maison Philippe).
DELETTRE, ciseleur (maison Philippe).
DOUCET, contremaître (maison Chertier).

6ᵉ SECTION.

CLASSE VIII.

Art appliqué à la céramique.

CLASSE IX.

Art appliqué à la verrerie et aux émaux.

Hors concours.

MM. DECK, céramiste.
PARVILLÉE, céramiste, comme membre du jury.
BITTERLIN, peintre verrier.
BROCARD, émailleur sur verre.
PARIS, émailleur.

Médaille d'or.

MM. DAMMOUSE (Albert), céramiste.
BESNARD (Ulysse), céramiste.

Rappels de médailles d'argent.

MM. LAURIN, céramiste.
POYARD (Charles), céramiste.
DE COURCY (Frédéric), peintre sur émail.
LORIN, de Chartres, peintre verrier.
SOYER (Paul), émailleur.

Rappel de médaille d'argent (Coopérateurs).

MM. PARVILLÉE (Louis et Achille) (maison Parvillée).

---

1. Se confond avec la médaille de bronze, 8ᵉ section.

Médaille d'argent.

MM. MEYER (Alfred), émailleur.
Atelier des écoles municipales d'art à Limoges.
DAVID, sculpteur céramiste.
SCHOPIN (Louis), céramiste.
LUSSON et LEFEVRE, vitraux.

Rappel de médaille de bronze.

M. BARTHE, terres cuites.

Médaille de bronze.

MM. DOAT,
BESSE (Étienne), } élèves des Écoles de Limoges.
Mlle GEYLAN,
MM. DELANGE, faïencier.
GRENIER, mosaïque (carrelages).
OLLIVE, céramiste.
OPTAT-MILET, faïencier.
SERGENT, céramiste.
TORTAT, céramiste.
TIERCELIN, vitraux.

Médailles de bronze (Coopérateurs).

MM. GRANDHOMME (maison Falize).
GAIDAN (Frédéric) (maison Gaidan).
SOYER fils (Paul) (maison Soyer).
JEAN (Maurice) (maison Jean).
CÉLAS (maison Dammouse).
SCHILDT (maison Brocard).

Rappel de mention honorable.

M. AUBRÉE, céramiste.

Mentions honorables.

MM. FOUGERAY DE LA HUBAUDIÈRE, céramiste.
BAILLET et MARCHAND, décorateurs sur faïence.
CHARMET et Cie, fabricant de terres cuites.
WOODCOOCK, fleurs en porcelaine.
MANSUY-DOTIN, peintre émailleur.
BASTIEN (Eugène) et Cie, céramistes.
DELFORGE (Émile), peintre décorateur.

Mme WADDINGTON, émailleur.

MM. CHAMPION, céramiste.

POIRET (Aldaric), émailleur.

Mlle DE NUGENT (Marie), émailleur.

RICHARD (Hortense).

HUBY (école du 10ᵉ arrondissement).

Mentions honorables (Coopérateurs).

MM. GERVAIS (maison Gaidan).

MARCHAL, peintre sur émail (maison Falize).

GAUTIER (maison Tortat).

7ᵉ SECTION.

CLASSE X.

Art appliqué aux étoffes de vêtement et d'usage domestique

Hors concours.

MM. LEFÉBURE (Auguste) frères.

Médaille d'or.

MM. MEUNIER et Cie, maison de blanc.

Médailles d'argent.

M. J.-B. BOUILFET, vêtements pour dames.

Mlle DUGRENOT, guipures anciennes.

Médaille de bronze.

MM. EYMOND (Évariste), lingerie.

AUGUSTIN (Étienne), guipures françaises.

Mlle CAROT (école professionnelle du 10ᵉ arrondissement).

8ᵉ SECTION.

CLASSE XII.

Art appliqué à la vulgarisation.

Hors concours.

MM. VIDAL, hors concours comme membre du jury.

FIRMIN-DIDOT frères, fils et Cie, libraires-éditeurs.

Veuve MOREL et Cⁱᵉ, libraires-éditeurs.

M. ERHARD, RACINET et SAUVAGEOT.

Rappels de médailles d'argent.

MM. CHABAT (Pierre), architecte.

CHAUMONT, graveur en taille-douce.

Médailles d'argent.

MM. DUCHER et Cⁱᵉ, éditeurs.

THIEL aîné et fils, tirages lithographiques.

Rappel de médaille de bronze.

M. ROSE (Victor), graveur.

Médailles de bronze.

MM. BACHELIN-DEFLORENNE, éditeurs.

BERTHAUD, photographe.

HUOT, graveur ciseleur.

CHAUVIGNÉ, photographe.

FAVRE, coopérateur de la maison veuve Morel et Cⁱᵉ.

SOCIÉTÉ DE PROPAGATION DES LIVRES D'ART.

Médailles de bronze (Coopérateurs).

MM. LACROUX (maison Ducher et Cⁱᵉ).

RIQUOIS (maison Ducher et Cⁱᵉ·).

BERTRAND (maison Chaumont).

Rappel de mention honorable.

MM. GOUGENHEIM et FOREST, peintres sur émail.

Mentions honorables.

M. DEWAMBEZ, graveur.

Mˡˡᵉ LAFON, peintre.

CONCOURS DE L'INDUSTRIE.

Plafond de la bibliothèque.

1ᵉʳ *Prix :* M. DUBUISSON (Jules), élève de l'École commerciale.

2ᵉ *Prix :* M. LENOIR (Félix).

Porte d'une bibliothèque.

1ᵉʳ *Prix :* M. CRUCHET.

2ᵉ *Prix :* M. KINDTS (Julien).

Mention honorable : M. DESGRANGES (Honoré).

CONCOURS DES FEMMES ARTISTES.

1er *Prix :* Mme RELIN-CALOT.
2e *Prix :* Mlle BRIELMANN.

Mentions honorables
{
Mlle GÉRET.
Mme GILDEBRAND.
Mlle MÉRIGOT (Fanny).
Mlle DAVID (Marie).

SIXIÈME EXPOSITION

ORGANISÉE AU PALAIS DE L'INDUSTRIE EN 1880.

AVANT-PROPOS

Considérations générales sur l'ensemble des expositions de l'industrie, des écoles, et rétrospective, organisées en 1880 par les soins de l'Union centrale.

Lorsque des hommes aux généreuses initiatives ont créé l'*Union centrale des beaux-arts appliqués à l'industrie,* ils ont obéi à une pensée dont quinze ans d'études et de travaux ont justifié l'excellence. Le public intelligent s'est associé dès l'origine aux efforts tentés par les créateurs de l'œuvre nouvelle, et cette collaboration, si utile au début et encore aujourd'hui si nécessaire, a permis aux organisateurs de l'*Union centrale* de préciser de jour en jour le but qu'ils s'étaient marqué. Rapprocher les arts, différents en apparence et cependant si voisins, dans lesquels le goût traditionnel de la France a produit tant de merveilles, réconcilier celui qui invente le modèle avec celui qui l'exécute, conserver à notre pays la supériorité qui lui appartient dans toutes les œuvres où la grâce des formes et la beauté du décor ne sont pas seulement une vaine parure, mais la condition essentielle de leur existence, telle était l'ambition des hommes de dévouement qui ont créé l'*Union centrale,* tel est encore l'ardent désir de ceux qui sont comme les héritiers de leur pensée.

Pour atteindre ce but, plusieurs moyens pouvaient être employés. L'*Union centrale* a essayé de n'en négliger aucun. Il ne lui convient pas d'insister sur le mérite des tentatives qu'elle a multipliées ; mais il est impossible de ne pas dire que son œuvre a toujours eu le caractère d'un enseignement. Avec une ardeur qui ne s'est pas démentie et que le succès a d'ailleurs encouragée, elle s'est adressée aux jeunes générations, elle a appelé à elle ces multitudes d'écoliers qui voulaient étudier le dessin et qui, par suite de l'insuffisance des méthodes et du choix désastreux des modèles, se donnaient tant de peine pour apprendre si peu. Dans une série d'expositions qu'on n'a point oubliées, l'*Union centrale* a convoqué d'abord les principales écoles de France et elle a permis ainsi aux esprits sincères de constater l'indigence de l'enseignement du dessin. Depuis lors la situation s'est singulièrement améliorée : cet enseignement, si négligé à l'origine, est en voie d'organisation. Les pouvoirs publics ont senti que l'art, dans ses manifestations diverses, et même dans ses formes les plus humbles, est une des forces de la patrie ; on a compris que le goût national est une richesse que la culture peut rendre plus féconde ; dès à présent l'étude du dessin est encouragée ou prescrite, partout le mouvement se régularise et s'accentue. Les expositions et les concours de l'*Union centrale* sont peut-être quelque chose dans les résultats qui commencent à se produire et qui sont pour l'art français une promesse de victoire.

L'*Union centrale* ne s'est pas adressée seulement aux écoliers et aux professeurs, elle a généralisé la leçon ; elle a parlé ou du moins elle a essayé de parler à l'esprit et aux yeux de tous. Une bibliothèque libéralement ouverte aux travailleurs de l'art et de l'industrie, des conférences dans lesquelles des hommes spéciaux ont abordé les plus belles questions de la théorie, de la pratique et de l'histoire, enfin des expositions complexes qui embrassaient à la fois le présent et le passé ont constitué un enseignement fécond pour le producteur en quête de formes heureuses et pour le public, dont le goût quelquefois un peu hasardeux a besoin d'être épuré par la contemplation des modèles délicats et des grands exemples.

Après de pareils débuts, l'*Union centrale* ne doit point se contenter de continuer son œuvre : elle croit le moment venu de faire un pas en avant.

L'exposition qu'elle compte ouvrir au palais des Champs-Élysées en 1880 et celles qui lui succéderont tous les deux ans présenteront, à bien des égards, un caractère nouveau. Elles seront du moins une affirmation plus nette de la pensée qui a inspiré ses fondateurs.

En ce qui concerne les écoles de dessin, l'*Union centrale* estime qu'il n'est pas utile de recommencer une fois de plus les expositions dans lesquelles les élèves venaient montrer leurs travaux. A l'origine, ces expositions étaient indispensables. Il fallait en quelque sorte passer en revue les forces respectives des divers centres d'enseignement; il fallait dresser l'inventaire de notre richesse et constater peut-être notre insuffisance. Cette statistique, qui n'avait jamais été essayée, est aujourd'hui établie : ce qui nous manque, nous le savons, et nous connaissons aussi les ressources que présentent nos institutions scolaires et le personnel du corps enseignant. L'heure est opportune ; il ne faut pas tarder plus longtemps à mettre en action les éléments dont nous pouvons disposer.

Pour 1880, l'*Union* n'exposera pas les travaux des élèves des écoles de dessin; elle organisera une série de concours dont les programmes seront en harmonie avec la force présumée des élèves. Ces concours seront presque tous des concours de composition. Fidèle à son passé, l'*Union* veut provoquer, chez ceux qui possèdent déjà certains principes de goût et d'habileté de la main un effort d'invention, la libre recherche d'une création d'art. Elle émancipe l'écolier, elle le convie à conquérir son brevet d'artiste..

Quant à l'exposition des œuvres des grandes industries du luxe, du décor et de la parure, exposition qui, d'après la tradition de l'*Union centrale,* comprend à la fois les productions de l'art moderne et un choix des productions des anciennes époques, le principe a été maintenu, mais avec une modification importante, et qui, on a lieu de l'espérer, paraîtra conforme au but de notre institution en même temps qu'elle satisfera aux légitimes curiosités de tous les esprits avides d'apprendre. On se rappelle ce que nous avons fait. Les expositions de l'*Union centrale* ont été jusqu'à présent, sinon de petites expositions universelles, du moins des expositions générales. Toutes les industries qui relèvent de l'art y étaient appelées à la fois : les diverses manifestations du goût se disputaient sans méthode, et, au gré des exposants, l'intérêt du visiteur. La leçon disséminée était presque une leçon perdue. Il a paru au conseil d'administration de l'*Union centrale* et à la commission consultative qui l'assiste de son concours, que, sans renoncer à l'attrait et aux avantages que présente l'exposition collective des diverses branches de l'art, il était désirable et possible de mettre un peu d'ordre dans l'exécution de notre travail et de préciser, par la voie de l'analyse, l'enseignement qui se dégage de chacune des industries; de là la nécessité de les spécialiser, sans rompre toutefois le lien qui les rattache les unes aux autres, et de montrer leurs produits dans une série d'expositions successives qui rendront les études à la fois plus faciles et plus profitables. Pour être véritablement instructives, ces expositions doivent avoir en quelque sorte un caractère technologique, c'est-à-dire qu'elles doivent grouper, sous la forme d'une démonstration visible et parlante, les matières premières, les instruments qui servent à les façonner, l'œuvre créée ou embellie par le producteur et par l'artiste. Le temps n'est plus où l'on pouvait prétendre que la forme, l'ornementation, le style sont indépendants des éléments que le travailleur met en jeu. Si la destination de l'objet à fabriquer est une loi qui s'impose à la fantaisie de l'homme de goût, la matière qu'il emploie a aussi ses exigences, comme elle a ses ressources propres, et elle demeure, dans la plupart des cas, la génératrice des profils et des types et leur raison d'être. Dans le domaine spécial de chacune des branches de l'industrie, une exposition complète doit donc mettre en évidence, à côté des éléments naturels confiés à la main de l'ouvrier, le dessin ou la maquette qui lui sert de modèle, les outils dont il dispose, et enfin l'œuvre parachevée sur laquelle l'art, qui est le tout suprême, aura imprimé sa marque souveraine.

L'*Union centrale* ne pense pas qu'il y ait lieu d'établir entre les arts appliqués à l'industrie une sorte de hiérarchie et de droit d'aînesse. Dès qu'ils impliquent la recherche d'un élément de beauté ou d'élégance, tous sont égaux, tous sont dignes d'encouragement et d'étude. L'*Union* n'a donc pas de préférences à affirmer. Toutefois, le principe des expositions spéciales étant admis, il a fallu fixer l'ordre dans lequel les œuvres de chacune des industries seront successivement mises sous les yeux du public. Résolue à donner un enseignement aussi complet que possible, et désireuse de faire une part égale à toutes les catégories d'artistes et de producteurs, l'*Union* a déterminé, ainsi qu'il suit, le programme des expositions de 1880, de 1882, et de 1884.

Exposition de 1880. — Les Métaux.

Exposition de 1882. — Les Tissus, le Papier, les Peaux, le Bois (appliqué au mobilier).

Exposition de 1884. — Le Bois (appliqué à la construction et à la décoration), la Pierre, la Terre, le Verre, la Plante.

Les expositions, divisées ainsi en trois séries dont il suffit aujourd'hui d'indiquer les titres principaux et dont les éléments seront précisés en temps utile, comprendront toutes les matières que le génie humain transforme en œuvres d'art. Nous voudrions ne rien oublier.

Est-il nécessaire d'ajouter que chacun des groupes devant être présenté dans son ensemble, les expositions organisées par l'*Union centrale* réuniront toujours aux productions de l'art moderne un musée rétrospectif qui racontera, par des exemples choisis avec soin, l'histoire des industries spéciales dont les créations seront successivement soumises au public. La comparaison entre le passé et le présent s'établira ainsi d'elle-même, et l'étude deviendra plus féconde, parce qu'elle aura été rendue plus facile.

Tel est, en ses lignes générales, le programme que l'*Union* s'est tracé pour les expositions de 1880, 1882 et 1884. On a dû se borner à résumer ici en quelques pages le caractère essentiel de ses travaux à venir. Le lecteur trouvera dans les rapports rédigés au nom de la commission consultative et dans les règlements qui les complètent, les détails que ne comportait pas l'exposé sommaire qu'il vient de lire. On aime à espérer qu'il verra dans cet avant-propos, comme dans les pages qui le suivent, la preuve que l'*Union centrale* entend marcher avec une fermeté de plus en plus décisive dans l'heureuse voie qu'elle s'est ouverte. L'*Union* sait bien que rien n'est fait tant qu'il reste quelque chose à faire : elle n'ignore point que la victoire suppose le combat; mais elle essayera de grandir son effort au niveau de l'obstacle ; elle a d'ailleurs l'intime conviction qu'elle poursuit une œuvre utile, et quand elle interroge son histoire, elle s'assure qu'elle groupera autour d'elle toutes les sympathies intelligentes et toutes les énergies désintéressées.

Paul Mantz,
Président de la Commission consultative.

A. CARACTÈRE DE L'EXPOSITION.
B. RÈGLEMENT

A. — But de l'Exposition, son caractère, époque de son ouverture, sa classification.

Afin d'entretenir en France la culture des arts qui poursuivent la réalisation *du beau dans l'utile;* afin d'aider aux efforts des hommes d'élite qui se préoccupent des progrès du travail national, depuis l'école et l'apprentissage jusqu'à la maîtrise;

Afin d'exciter l'émulation dans les travaux qui vulgarisent chez nous le sentiment du beau, améliorent le goût public et tendent à conserver à nos industries d'art, dans le monde entier, leur vieille et juste prééminence;

Une sixième exposition des beaux-arts appliqués à l'industrie aura lieu à Paris, en 1880.

Elle s'ouvrira le 31 juillet au palais de l'Industrie; elle sera close le 21 novembre suivant.

PREMIER GROUPE

EXPOSITION MODERNE

Cette exposition comprendra pour la première fois, en 1880, deux grandes divisions distinctes :

1° L'EXPOSITION LIBRE DES INDUSTRIES D'ART;

Il n'y aura ni concours ni récompenses pour cette première division. Toutes les industries qui la composent sont désignées pour figurer à leur rang dans la division suivante de l'exposition technologique et auront droit par la suite aux mêmes études et aux mêmes récompenses que celles qui y sont appelées cette année.

2º L'Exposition technologique, à laquelle sont appelées, en 1880, les industries qui relèvent du Métal et qui sont divisées en treize classes.

Il y aura dans la deuxième division deux concours distincts : l'un sur l'ensemble des produits présentés par les exposants ; des médailles d'or, d'argent, de bronze et des mentions sont attribuées à ce premier concours.

Des prix spéciaux sont affectés à l'autre, qui comprendra les modèles et les pièces exécutées suivant des programmes spéciaux dont le détail est donné plus loin.

I. — EXPOSITION LIBRE DES INDUSTRIES D'ART[1]

SANS CONCOURS

L'exposition libre comprend sept classes :

1re *Classe*. — Les œuvres originales des artistes, composées pour servir de modèles à l'industrie.

2e *Classe*. — Architecture, sculpture et peinture décoratives.

3e *Classe*. — Tissus de tenture et d'ameublement, stores, papiers peints, cuirs, reliures.

4e *Classe*. — Meubles, caisses d'instruments de musique, cadres, sièges, carrosserie.

5e *Classe*. — Céramique, vitraux, cristallerie.

6e *Classe*. — Costume et parure. — Tissus pour vêtements, dentelles, broderie, passementerie, boutons, éventails et fleurs artificielles.

7e *Classe*. — Art appliqué à l'enseignement et à la vulgarisation.

II. — EXPOSITION TECHNOLOGIQUE

LE MÉTAL

A. — 1er Concours comprenant les treize classes suivantes[1] :

1re *Classe*. — Métallurgie. — Outils et Procédés.

Extraction des minerais. — Préparation des métaux. — Moyens de travail. — Mise en œuvre. — Apprêts. — Galvanoplastie. — Do-

---

1. Voir, aux Documents, le rapport de la commission consultative, présenté par M. Lorain. — Chapitre A : *Exposition libre des industries d'art.*

rure, bronzage, nickelage, etc. — Estampage. — Frappe des monnaies. — Étirage, perçage. — Tours, etc., et toutes machines-outils spéciales au travail des métaux. — Installations d'ateliers.

2ᵉ Classe. — MODÈLES DES ARTISTES.

Exposition de l'œuvre des artistes. — Modèles-types. — Maquettes. — Dessins. — Plâtres. — Plans. — Photographies, etc., de toute œuvre ayant été reproduite par les arts du métal et de toute création destinée à ces mêmes industries.

3ᵉ Classe. — ORFÈVRERIE.

Or. — Argent. — Cuivre. — Aluminium. — Nickel, etc. — Galvanoplastie. — Fonte. — Dorure. — Argenture. — Ciselure. — Émail.

Orfèvrerie religieuse. — Orfèvrerie d'art. — Orfèvrerie de table. — Nécessaires de toilette, de voyage. — Garnitures de bureau.

4ᵉ et 5ᵉ Classe. — BIJOUTERIE. — JOAILLERIE. — LAPIDAIRERIE.

Pièces de vitrines. — Gemmes montées.

Bijoux d'or. — Bijoux d'argent. — Tabatières. — Flacons. — Garnitures. — Croix d'ordre. — Bijoux en doublé d'or et en doublé d'argent. — Bijoux de cuivre doré et argenté. — Bijoux en fer et en acier poli. — Bijoux de deuil : jais, verre, bois durci, corne, etc.

Joaillerie fine d'or ou d'argent : sertie de pierres précieuses. — Joaillerie d'imitation : monture de pierres imitées. — Lapidairerie : diamants, perles, pierres précieuses et pierres fines. — Lapidairerie d'imitation : strass, perles soufflées.

6ᵉ Classe. — HORLOGERIE.

Horloges. — Pendules. — Montres ornées.

7ᵉ Classe. — BRONZES D'AMEUBLEMENT. — MÉDAILLES. — ZINC D'ART.

Groupes. — Statues. — Statuettes. — Vases. — Bas-reliefs. — Garnitures. — Bronzes d'ameublement. — Appareils d'éclairage. — — Chenets. — Feux. — Petits bronzes. — Articles de Paris. — Galvanoplastie. — Médailles. — Monnaies. — Plaquettes. — Zinc d'art (même nomenclature qu'aux bronzes).

8e *Classe.* — FONTE DE FER (décorative).

Fontaines monumentales. — Ornements pour la construction. — Statues. — Appareils d'éclairage, de chauffage. — Grilles. — Balcons, etc. — Petits objets en fonte dure et en fonte malléable.

9e *Classe.* — SERRURERIE D'ART.

Grilles. — Rampes. — Lanternes. — Cages. — Supports. — Coffrets. — Serrures, et tout ce qui est du domaine du fer ou de l'acier forgé.

10e *Classe.* — ARMES DE LUXE.

Armes à feu. — Armes défensives et offensives. — Armes blanches.

11e *Classe.* — PLOMB. — CUIVRE. — ZINC. — ÉTAIN
(décoration).

Ornements fondus ou repoussés pour le décor des édifices. — Dinanderie. — Quincaillerie décorative. — Poterie d'étain.

12e *Classe.* — MÉTIERS ANNEXES.

Fonte : à cire perdue, — sur nature, — à bon creux. — Moulage en plâtre pour l'industrie. — Gravure : au burin, — à l'acide, — damasquine, — incrustation (à l'exception de la gravure pour impression). — Ciselure : prise sur pièce, — au repoussé, — sur fonte. — Émaux sur métal (exposition des émaux préparés du commerce). Émaux champlevés. — Émaux cloisonnés. — Émaux de basse taille et émaux peints.

13e *Classe.* — PUBLICATIONS MODERNES RELATIVES AU TRAVAIL DES MÉTAUX.

Livres. — Catalogues. — Histoire de l'industrie. — Science, critique. — Dessins. — Gravures. — Lithographies. — Photographies, etc.

EXPOSITION TECHNOLOGIQUE DU MÉTAL

CONCOURS SPÉCIAUX

Règlement et programmes des concours.

ARTICLE PREMIER. — A la suite de l'exposition technologique du Métal, comprise dans le groupe premier, sur l'avis de la commission consultative et après délibération du conseil d'administration, des concours spéciaux aux arts du Métal seront ouverts en 1880.

ART. 2. — Ces concours sont partagés en dix-sept classes, savoir :

1ro ORFÈVRERIE. — *Une cafetière or, argent, cuivre ou autre métal décoré.*

2o BIJOUTERIE VRAIE. — *Un bracelet d'or.*

3o BIJOUTERIE D'IMITATION. — *Ornement pour la coiffure.*

4o JOAILLERIE. — *Un pendant de col orné de pierreries.*

5o HORLOGERIE. — *Un régulateur avec sa gaine.*

6o BRONZES D'ART ET D'IMITATION. — *Un porte-lumière.* (flambeau, lustre, torchère, lampe ou tout autre appareil d'éclairage).

7o FONTE DE FER. — *Un vase de jardin.*

8o SERRURERIE D'ART. — *Une grille de balcon en fer forgé et repoussé.*

9o ARMES. — *Un pistolet de tir.*

10o PLOMB, ZINC. — *Un cartouche orné.*

11o CUIVRE. — *Un bassin en cuivre repoussé au marteau.*

12e Étain. — *Un plat orné.*

13e Fonte. — *Une figure fondue à noyau* (non réparés).

14e Gravure. — *Une coupe, argent ou cuivre, gravée à l'acide ou au burin.*

15e Damasquine et incrustation. — *Une coupe ornée d'incrustation ou de damasquine.*

16e Ciselure. — *Un vase ciselé.*

17e Émaux sur métal. — *Un panneau, sujet historique ou allégorique, ou motifs de décoration.*

Art. 3. — Il y aura *deux divisions* dans chacune des classes :

L'une sera réservée *aux artistes* et comprendra tous les projets et modèles, présentés à l'état de dessins ou de maquettes en plâtre ;

L'autre sera spéciale *à l'industrie* ; n'y seront admises que les œuvres exécutées en métal et complètement achevées.

La classe 13 seule ne comportera que le concours de l'industrie.

Art. 4. — Les modèles présentés au concours par les artistes devront être originaux et inédits.

Les œuvres présentées par les industriels ne seront pas admises si la création n'en est pas postérieure à l'Exposition universelle de 1878.

Art. 5. — Les modèles et les pièces fabriquées restent la propriété des concurrents.

Art. 6. — On peut concourir dans plusieurs classes et plusieurs divisions et envoyer dans l'une de ces classes ou divisions un ou plusieurs objets.

Art. 7. — Sont admis à concourir tous ceux, Français ou

étrangers produisant en France, qui en feront la demande au siège de l'*Union centrale* avant le 1er août 1880.

Art. 8. — Nul ne pourra prétendre à une récompense parmi les artistes, s'il n'est l'auteur du projet présenté par lui.

Pourront seuls prendre rang dans le concours de l'industrie, ceux qui auront ou inventé, ou exécuté, ou fait exécuter dans leurs ateliers les pièces qu'ils présenteront.

Art. 9. — Les pièces présentées au concours ne porteront aucun nom d'auteur, mais un signe distinctif ou une légende correspondant à un pli cacheté contenant le nom et l'adresse du concurrent.

Art. 10. — Par dérogation à l'art. 12 du règlement général, les pièces de ce concours seront reçues au palais de l'Industrie du 25 août au 1er septembre 1880, terme de rigueur.

Art. 11. — Une exposition publique en sera faite avant l'examen du jury. Elles seront ensuite classées dans l'ordre du jugement et resteront exposées jusqu'au 15 novembre.

Art. 12. — Ces concours seront jugés par les mêmes jurys que l'exposition du Métal ; la formation de ces jurys et les mises hors concours sont indiquées par les articles 23 et 27 du règlement général.

Art. 13. — Récompenses. — Des prix d'une forme absolument nouvelle seront spécialement créés pour les concours spéciaux et ne pourront être réédités ensuite pour aucun autre usage. Ces prix consisteront en diplômes et en plaquettes de bronze. Ils ne seront tirés ou fondus qu'à un petit nombre d'exemplaires et seront tous marqués d'un numéro et du poinçon de l'*Union centrale*.

Ils acquerront ainsi une double valeur d'art et de curiosité.

Art. 14. — Dans chacune des classes, à l'exception de la

classe 43, il y aura deux prix, l'un pour les artistes, l'autre pour les industriels, et un nombre de diplômes en rapport avec l'importance du concours.

ART. 15. — Une plaquette du même modèle, fondue en or et d'une valeur de *mille francs,* sera mise à la disposition du jury.

Ce prix dit : GRAND PRIX DE L'UNION CENTRALE, sera décerné à l'objet classé au premier rang, parmi les modèles ou pièces fabriquées des dix-sept classes réunies.

DEUXIÈME GROUPE [1]

EXPOSITION RÉTROSPECTIVE

TROISIÈME GROUPE [2]

ÉCOLES

1° Concours entre les élèves des écoles de dessin.
2° Concours pour le grand prix de voyage de l'Union centrale.

B. RÈGLEMENT

Dispositions générales et particulières.

ARTICLE PREMIER. — Afin de subvenir aux frais de l'exposition et d'augmenter l'importance de l'institution *publique et gratuite* que l'UNION CENTRALE a fondée au centre de la fabrique de Paris, place des Vosges, 3 (ancienne place Royale), et qui

1. Voyez Documents spéciaux. — Rapport de la commission consultative, par Müntz.
2. Voyez Documents spéciaux. — Rapport de la commission consultative, par M. Louvrier de Lajolais. Règlement des concours des écoles de dessin.

comprend un musée rétrospectif et contemporain, une bibliothèque d'art ancien et moderne, des cours spéciaux ayant rapport à l'art appliqué, et des entretiens familiers de nature à propager les connaissances les plus essentielles à l'artiste et à l'ouvrier qui veulent unir le beau à l'utile.

1° Le droit d'entrée à l'exposition du palais de l'Industrie sera perçu comme suit : le dimanche, 50 centimes; tous les autres jours, 1 franc.

2° L'emplacement occupé au palais de l'Industrie par chaque exposant sera payé ainsi qu'il suit (sauf l'exception ci-après) :

1° Les œuvres qui, comme les tableaux, occuperont une surface *verticale* et *murale* et ne dépasseront pas 2 mètres de hauteur au-dessus de la cimaise, une épaisseur de $0^m,20$, payeront, par mètre superficiel, 6 francs par mètre et par mois. Les œuvres qui exigeraient plus de 2 mètres de hauteur payeront les mètres superficiels supplémentaires à raison de 3 francs.

2° Payeront 10 francs par mètre et par mois les objets fabriqués et ne rentrant pas dans la condition ci-dessus.

Pour les objets fabriqués et compris dans cette dernière catégorie, la superficie prise sur le *sol* sera seule calculée, sans qu'il soit tenu compte de la hauteur.

Les entre-colonnements formant salon de 8 mètres de façade sur 4 mètres de profondeur seront payés mille francs. L'Administration fournira gratuitement le panneau servant à l'inscription du nom de l'exposant dont elle se réserve l'exécution dans un but de décoration générale.

Les objets exposés sur des espaces isolés sur les quatre faces dont la superficie serait inférieure à 2 mètres payeront le mètre linéaire de façade à raison de six francs le mètre et par mois.

Sont seules exemptes de tous droits de places toutes les œuvres d'art composées en vue de servir de modèles pour l'industrie, sous la condition que ces œuvres n'aient pas encore

été reproduites par l'industrie, qu'elles soient originales et présentées par leur auteur, qui aura à signer une déclaration conforme à ce programme. Ces œuvres seront exposées sous leur
nom et seront soumises à l'appréciation d'un jury d'admission.

Art. 2. — Il ne sera pas accordé moins d'un mètre.

Art. 3. — L'exposant aura à payer trois mois de droit de
place.

Dans le cas où l'exposition serait prolongée au delà de ce
terme, il jouirait gratuitement de sa place durant toute la pro-
ongation.

La prolongation ou le retard de l'exposition ne donnera
lieu à aucune indemnité, soit de la part de l'Administration,
soit de la part des exposants.

Art. 4. — Chaque exposant, en faisant acte d'adhésion, aura
à indiquer le nombre de mètres qui lui seront nécessaires, et
qu'il sera tenu d'occuper pendant toute la durée de l'exposition.

Art. 5. — Dans le cas où l'exposant obtiendrait de l'Administration la faculté d'occuper un nombre de mètres plus
grand que celui qu'il aurait primitivement souscrit, ou qu'il
serait reconnu qu'il a, sans autorisation, occupé un espace
plus grand que celui qu'il aurait payé, il aurait à tenir compte,
dans les deux cas, de la différence en plus, suivant le relevé
qui en serait fait par les soins de l'*Union centrale.*

Art. 6. — Chaque exposant aura à payer un mois de son
emplacement à l'avance, et ce, au plus tard, le 30 mai 1880 à
la caisse de l'*Union centrale,* place des Vosges, 3. Le second
mois sera exigible le 10 août, et le troisième mois le 10 septembre.

Art. 7. — Il sera remis à chacune des personnes qui dési-
reront prendre part à l'exposition un bulletin imprimé, où
elle indiquera ses nom, prénoms, profession et adresse, la

4.

nature de ses produits, en même temps que le nombre de mètres dont il a été question à l'article 4.

Art. 8. — Ces bulletins doivent être envoyés francs de port au secrétariat de l'*Union centrale,* place des Vosges, 3, au plus tard le 1er juin.

Art. 9. — Un livret, qui ne sera que la transcription textuelle ou le dépouillement analytique de ces bulletins, sera publié par les soins de l'Administration. L'exposant qui n'aurait pas suivi les prescriptions des articles 7 et 8 ne devrait s'en prendre qu'à lui-même, si sa notice laissait trop à désirer, ou si elle n'avait pu être insérée audit livret.

Art. 10. — Au cas où dans un but décoratif ou d'ensemble général ou partiel, l'Administration préparerait quelques emplacements spéciaux qui pourraient être accordés à certaines industries, le prix de la location de place serait le même que partout ailleurs ; mais les frais de construction et de décoration seraient en plus à la charge de l'exposant qui rembourserait à l'Administration, lors de la prise de possession, le prix indiqué et convenu à l'avance et qui, dans aucun cas, ne pourrait être contesté.

Art. 11. — Les ouvrages et les produits dans la classification de l'exposition moderne devront être rendus au palais de l'Industrie, du 15 au 25 juillet, à 4 heures du soir.

Art. 12. — Les envois concernant les concours, à moins de dispositions spéciales indiquées dans les programmes particuliers, seront adressés *francs de port,* au palais de l'Industrie, de 8 heures du matin à 5 heures du soir, du 20 au 31 août, terme de rigueur.

Les produits qui ne seraient pas installés le 30 juillet, à 4 heures du soir, seront enlevés des galeries et de la nef, et emmagasinés aux frais et risques du propriétaire.

Passé le 26 juillet, les produits seront refusés, et les droits de place payés antérieurement demeureront acquis à l'exposition, et l'administration disposera desdits emplacements.

MODÈLE D'ADRESSE POUR LES ENVOIS

FRANCO

A Monsieur le Secrétaire général de l'Union centrale des beaux-arts appliqués à l'industrie

Au Palais de l'Industrie (Champs-Élysées).

Paris.

Envoi de (noms et prénoms),

Demeurant à

Nature des produits :

ART. 13. — Les frais de montage, de démontage, de réemballage, demeureront à la charge de l'exposant, à quelque groupe qu'il appartienne.

ART. 14. — Les arrangements et aménagements particuliers seront à la charge des exposants et ne pourront être exécutés que conformément au plan général et d'ensemble. Des entrepreneurs se tiendront à la disposition des exposants ; leurs mémoires, s'il y a lieu, seront réglés par les soins de l'Administration, sur la demande qui en sera faite au secrétaire général.

Cependant les exposants pourront employer, avec l'autorisation de l'Administration, tels ouvriers qu'il leur plaira.

ART. 15. — M. BÉZIÉS, secrétaire général, dont il vient d'être question, nommé par l'Administration, est chargé de veiller à ces décisions.

ART. 16. — Le conseil d'administration prendra toutes les

mesures nécessaires pour préserver les objets exposés de toute avarie ; mais, dans le cas de dégâts ou d'incendie, le dommage resterait à la charge de l'exposant.

Art. 17. — Les produits seront surveillés de jour et de nuit par un personnel choisi ; mais, en aucun cas, l'Administration de l'UNION CENTRALE ne sera responsable des vols ou détournements qui pourraient être commis.

Art. 18. — Les exposants pourront faire garder leurs produits par un représentant de leur choix, agréé par l'Administration ; mais ils devront déclarer au préalable le nom et la qualité de ce représentant à qui il sera délivré une carte d'entrée personnelle ; cette carte ne pourra être cédée ni prêtée sous peine de retrait. Il en sera de même pour celle à laquelle chaque exposant aura droit.

Dans le cas où le représentant refuserait de se conformer au règlement intérieur de l'exposition, l'Administration, après un premier avis donné par le secrétaire général, pourrait lui retirer sa carte de représentant et en aviserait l'exposant, afin qu'il ait à le remplacer immédiatement.

Un représentant ne peut avoir plus d'une carte d'entrée, quel que soit le nombre d'exposants qu'il représente.

Art. 19. — Aucun objet ne pourra être reproduit sous quelque forme que ce soit, sans une autorisation signée de l'exposant et du secrétaire général, et qui restera entre les mains de l'Administration.

Dans le cas cependant où une reproduction aurait lieu, malgré les soins de la police intérieure, l'Administration n'en serait pas responsable.

L'Administration se réserve la reproduction des vues d'ensemble.

Art. 20. — L'Administration retiendra les œuvres et les produits qu'elle jugera dignes de concourir au but de l'exposition ; elle pourra exclure, au moment où elle recevra les produits, ceux qui seraient, d'après son appréciation, en dehors du but de l'exposition. Dans ce dernier cas, elle aurait à rembourser intégralement les sommes perçues à l'avance; mais les frais de déplacement et de transport resteront à la charge du demandeur.

Art.21. — Des commissions ou sous-commissions de classements, aussi bien que le jury d'admission pour certains groupes, pourront être nommées, s'il y a lieu, par fa direction.

Art. 22. — Dès le lendemain de la clôture de l'exposition, les exposants procéderont à l'enlèvement de leurs produits et de leurs installations.

Cette opération devra être terminée au plus tard huit jours après la fermeture.

Passé ce terme, les produits et les installations qui n'auraient pas été retirés seront enlevés d'office et consignés dans un magasin public aux frais et risques des exposants.

Les objets qui, au 15 février suivant, n'auraient pas été retirés, seront vendus en vente publique.

Des Récompenses.

Art. 23. — Des récompenses sont réservées seulement à l'exposition technologique du *Métal*. Elles sont de deux sortes : 1° pour les produits exposés dans le premier concours, elles consistent en médailles d'or, d'argent et de bronze et en mentions honorables ; 2° pour les prix réservés aux lauréats des concours exécutés sur programmes, l'*Union centrale* a décidé de donner, au lieu de médailles, un objet d'art exécuté spécialement pour ces concours. Chacun des dix-sept concours aura donc deux prix, l'un réservé aux produits fabriqués, l'autre aux modèles exécutés par les artistes. En outre, une récompense unique, de la valeur de mille francs, portant le titre de GRAND PRIX DE L'UNION CENTRALE, *pourra* être attribuée à l'objet, modèle ou exécution, qui aura été jugé le plus remarquable dans les concours exécutés sur programmes.

Des Jurys.

ART. 24. — L'examen et l'appréciation des œuvres exposées dans la première division de l'exposition moderne seront faites par les soins de rapporteurs nommés par le conseil d'administration de l'*Union centrale.*

L'examen, l'appréciation et le jugement des œuvres exposées dans la deuxième division de l'exposition moderne, LE MÉTAL, seront confiés à des juges spéciaux nommés, moitié à l'élection par les concurrents et exposants eux-mêmes, et moitié par le conseil d'administration.

Le président et le secrétaire-rapporteur général seront nommés par le conseil d'administration.

Les concours seront jugés par ce même jury.

ART. 25. — Le règlement concernant la formation et les attributions des différents jurys sera affiché dans les salles d'exposition, le jour qui précédera les élections.

ART. 26. — Les récompenses seront distribuées en séance solennelle à la fin de l'exposition.

ART. 27. — Seront mis hors de concours, les exposants qui ont obtenu des médailles d'or aux Expositions nationales et universelles de Paris, ainsi qu'aux expositions de l'*Union centrale.*

ART. 28. — L'exception contenue en l'art. 27 n'a trait qu'au premier concours ouvert dans l'exposition technologique du *Métal.* — Sont admis à prendre part au deuxième concours, tous les artistes et tous les industriels qui se conformeront au programme ci-dessus indiqué, quelles que soient les récompenses précédemment obtenues par eux, mais à la condition de n'appartenir ni au jury chargé de l'examen de ce concours ni au conseil d'administration de l'*Union centrale*.

ART. 29. — Les rapports des jurys seront publiés par les soins de l'*Union centrale* qui s'en réserve la propriété.

ARTICLE SUPPLÉMENTAIRE. — Si des changements ou additions au présent règlement devenaient nécessaires, ils seront affichés en temps opportun dans les salles de l'*Union centrale,* 3, place des Vosges, et dans celles du palais de l'Industrie.

M. LORAIN, architecte de l'*Union centrale,* est chargé de l'organisation, de l'installation et de la surveillance de tous les travaux de l'exposition de 1880.

Le Président de la Société des expositions,
délégué à la direction de l'exposition de 1880,
HENRI BOUILHET.

Vu : *Le Président du conseil d'administration,*
ÉDOUARD ANDRÉ.

Le Secrétaire du conseil,
ERNEST LEFÉBURE.

Les Membres du conseil d'administration
de l'Union centrale,

MM. Édouard ANDRÉ, *président.* — H. BOUILHET, *vice-président.* — Ernest LEFÉBURE, *secrétaire.* — Alfred JUMELLE, *secrétaire adjoint.* — BERGER. — BIAIS. — CHOQUEEL (Louis). — COHEN (Joseph). — CHRISTOFLE. — DALLOZ. — FALIZE (Lucien). — FIRMIN-DIDOT (Alfred). — FROMENT-MEURICE. — GRADOS. — HERMANN (Georges). — LOUVET. — MANNHEIM (Charles). — MARIENVAL (Louis). — MOUREY (Philippe). — TURQUETIL (Jules). — VEYRAT père. — WOLF (Auguste).

I

EXPOSITION LIBRE DES INDUSTRIES D'ART.

PREMIÈRE CLASSE.

*Œuvres originales des artistes, composées pour servir
de modèles à l'industrie.*

1. ALLOUARD, statuaire. *Rue Vavin*, 28.

2. PROVOST (Louis-Eugène), sculpteur – dessinateur.
Rue Oberkampf, 24.

M. B. *Exposition universelle*, 1878.
Fontaine d'appartement (esquisse plâtre).

3. TESSIER (Frédéric-François), dessinateur. *Rue du
Faubourg-Saint-Antoine*, 159.

Dessins et lithographies pour ameublements.

4. VINET (Alfred), sculpteur. *Boulevard Voltaire*, 110.
M. H. 1865.

Esquisses d'intérieur en cire.

DEUXIÈME CLASSE.

Architecture, sculpture et peintures décoratives.

5. BOURGOGNE (Pierre), artiste peintre-décorateur.
Villa Brancas, 3 *bis (Sèvres)*.

M. B. *Union centrale*, 1876.
Dessus de porte.

6. BRUNET (Pierre), architecte d'ameublement. *Rue de la Roquette*, 2.

M. A. 1878.

Dessins et eaux-fortes.

Voir *Revue industr.*, page 37.

7. COGEZ (Alexandre-Frédéric), sculpteur. *Rue de Charenton*, 22.

Panneau en noyer sculpté et dessins d'ameublement.

8. DONZIN (Victor), sculpteur. *Rue Popincourt, 48.*
Cadre plein, ébénisterie et sculpture avec portrait.

8 *bis*. DROVIN (Eugène), statuaire. *Rue Odessa*, 12.

9. DUBOIS (Émile), sculpteur-marbrier. *Rue de la Comète,* 16.

9 *bis*. FOURQUET (Léon), sculpteur. *Rue des Fourneaux,* 36.

Hors concours au Salon.

10. JOLY (Jules-Adolphe), sculpteur. *Rue de Romainville,* 3.

Groupe en bois sculpté.

11. KUNZLER (Christian), sculpteur sur bois. *Rue de la Roquette*, 22.

12. LATRY, objets d'art en bois durci. *Boulevard Saint-Martin,* 12.

Expositions universelles, Londres, 1862. — Paris, 1867, H. C., membre du Jury; — Vienne, 1873, M. P. — Paris, 1878, M. O., membre du jury; — ✳ en 1864.

13. LEPROVOST, fabricant de ciment-marbre. *Rue Haxo*, 85.

Fûts de colonne, gaines, vases, jardinières, pendules, etc., etc.

15. PARFONRY (François-Xavier), marbrier. *Rue Saint-Sabin,* 62.

M. O. *Exposition universelle,* 1878.
Cheminée.

15 *bis.* **DE PERSIN** (Henry), étude de construction en fer pour habitations. *Boulevard de la Chapelle,* 27.
Diverses médailles aux Expositions.

16. PISZAGALLI (Charles), artiste-décorateur. *Rue du Faubourg-Saint-Honoré,* 157.
Céramique décorée par l'électricité.

17. SÉVALLÉE (Eugène), père et fils, peintres-décorateurs. *Avenue du Maine,* 46.
Panneaux à l'huile.

TROISIÈME CLASSE.

Tissus de tenture et d'ameublement, stores, papiers peints,
cuirs, reliures.

18. AU TAPIS ROUGE, FLECK FRÈRES.
Rue du Faubourg-Saint-Martin, 65 *et* 67, *rue du Château-d'Eau,* 54, 56 *et* 58.
Robes et manteaux, tapisseries, meubles, literie.
M. H. *Exposition universelle,* 1878.
(Voir classe 6ᵉ).
Voir *Revue industr.,* page 19.

18 *bis.* **NOLET** (Auguste), fabricant de tapisserie. *Rue des Arts,* 22, *à Levallois* (Seine).

QUATRIÈME CLASSE.

Meubles, caisses d'instruments de musique, cadres,
sièges, carrosserie.

19. WALLET, reproduction et restauration de tapisseries anciennes. *Rue de l'Ouest,* 5, *Neuilly. (Porte-Maillot.)*
Spécialité pour les reproductions.

20. BARREAU et CROISÉ (Victor-Achille), meubles d'art. *Rue Basfroi,* 34.
Voir *Revue industr.,* page 22.

21. BAUDET, fabricant de pianos. *Rue Favart,* 20.
Pianos à accord fixe.
5 Médailles d'Or.

22. BAULARD, REMLINGER et VINET,
miroitiers-doreurs. *Rue des Archives,* 4.
M. H. *Union centrale,* 1876. — *Exposition universelle*
1878.
Glaces encadrées, gravées et bombées, encadrements en métal.
Voir *Revue industr.,* page 25.

23. BINEAU (Théodore), meubles et sièges d'art. *Rue*
Traversière, 155.

24. BONNEMAISON (Arthur), tapissier. *Rue de*
Grenelle, 176.
Fauteuil à six transformations.

25. BOUCHER (Jules), fabricant de meubles. *Rue du*
Faubourg-Saint-Antoine, 159.
M. H. 1879.
Salle à manger. — Chambre à coucher. — Meubles de fantaisie.
Voir *Revue industr.,* page 22.

26. BOUDEVILLE (Émile), marqueteur. *Rue Moreau,*
14.
Voir *Revue industr.,* page 34.

27. BRIET (Louis-Pierre), tapissier-décorateur de la
maison Giboin. *Rue du Regard,* 12.
Meuble de crédence, renaissance italienne, noyer et peinture.

27 *bis.* **BULLY** (Ferdinand), fabricant de meubles. A Caen
(Calvados) et à Paris, *rue Maubeuge,* 11 *bis.*
M. B. 1878.

28. CARPENTIER (Eugène), doreur, sculpteur, déco-
rateur. *Rue Fontaine-Saint-Georges,* 16 *bis.*
H. C. membre du Jury.
Procédés nouveaux de dorure avec applications métalliques.

29. DARVEY (Théophile), mosaïste. *Place des Vosges, 15.*

Mosaïques montées.

29 *bis*. DECKER (Pierre), ébéniste. *Rue de Reuilly, 15.*

Pendule en bois sculpté.

30. DROUARD, tapisserie, ébénisterie, sculpture. Reproduction des meubles du musée de Cluny. *Rue de Lyon, 16.*

Voir *Revue industr.*, page 14.

31. DUBERT (Charles), ébéniste. *Faubourg-St-Antoine, 33.*

Tables articulées.

32. DUPONT (Auguste-Éléonor), fabricant de meubles mécaniques. *Rue Hautefeuille, 10.*

Lits et fauteuils.

Voir *Revue industr.*, page 18.

33. ELIAERS (Auguste-Emmanuel), sièges et meubles. *Boulevard Voltaire, 188.*

Voir *Revue industr.*, page 31.

34. ESTEUF (Alexandre), laques de Chine. *Rue Aumaire, 55.*

M. B. *Exposition universelle, 1878.*

Voir *Revue industr.*, page 33.

35. GENY (Eugène), fabricant de sièges. *Rue de la Roquette, 56.*

M. B., *Exposition universelle, 1878.*

Sièges sculptés et dorés.

Voir *Revue industr.*, page 27.

36. GERDERÈS (F.), fabricant de billards. *Rue Fontaine-au-Roi, 47.*

Exposition universelle, 1878, M. B.

Billard artistique, style Louis XIII.

37. GERMAIN (Mme Élisa), fabricant de meubles incrustés de nacre. *Boulevard Beaumarchais, 99.*

M. A. *Exposition universelle, 1867.*

Guéridons. — Jardinières. — Cache-pots. — Tables à ouvrage. — Plateaux.— Corbeilles à pain. — Coffrets.—Écrans. Albums. — Buvards.

Incrustations de nacre.

38. GIMÈRE (Charles), tapissier ébéniste. *Rue de Penthièvre,* 34.

M. H., *Exposition universelle,* 1878.
Meubles et divans-lits.

Voir *Revue industr.,* page 26.

39. GINSBACH (frères), fabricant de meubles. *Rue de Charonne,* 5.

Exposition universelle, 1878, M. A.

Voir *Revue industr.,* page 43.

41. GODIN (Auguste), meubles d'art. *Rue des Arquebusiers,* 7 et 9.

Exposition universelle, 1867 et 1878, M. A. — *Union centrale,* 1863, M. O.

La maison A. Godin et Cie, anciennes maisons Jenselme et Jacob Desmalter, fut fondée en 1760 par Jacob.

Depuis plus d'un siècle, elle soutient une réputation acquise par la bonne construction et la fabrication consciencieuse de ses produits. La maison embrasse toutes les parties de l'ameublement dans tous les genres et dans tous les styles, et elle fournit les mobiliers les plus simples et les plus luxueux en suivant toujours ses traditions d'élégance et de bon goût.

La maison s'est jointe pour l'Exposition présente à un sculpteur de talent, M. Lebègue, au burin duquel est due la superbe cheminée exposée.

42. GRAND (aîné, François Nicolas), marbrier. *Rue Crozatier,* 67.

M. H. *Exposition universelle,* 1878.
Toilettes lavabos.

Voir *Revue industr.,* page 23.

43. GUERRIER (Philippe), fabricant de meubles. *Rue Saint-Honoré, 205.*

Petits meubles en bois noir, style chinois et japonais.
Voir *Revue industr.*, page 43.

44. GUITTER (Joseph), billards. *Rue Lafayette, 119.*

45. GUY (Jean), ébéniste. *Rue de la Roquette, 2.*
M. H., *Exposition universelle, 1878.*
Tables pliantes.
Voir *Revue industr.*, page 25.

46. HUNSINGER et WAGNER, fabricant de meubles. *Rue Sedaine, 13.*
Exposition universelle 1867, M. B. — Vienne 1873, M. Mérite. Exposition universelle 1878, M. A.
Voir *Revue industr.*, page 28.

47. JAQUET (Georges), ébénisterie. *Boulevard de Courcelles, 84.*
Coffrets. — Cache-pots. — Jardinières. — Panneaux décorés.

48. KLEIN (Henri), facteur de pianos. *Passage Ménilmontant, 19.*
Voir *Revue industr.*, page 30.

49. LALANDE (Émile-Antoine), ébénisterie. *Rue de Charenton, 57.*
M. B. *Exposition universelle, 1878.*

50. LAPIERRE (François), sculpteur. *Boulevard Montparnasse, 52.*
Exposition universelle, 1878, M. B.
Meubles genre ancien.

51. LAMPRE (Antony), ébéniste. *Faubourg Saint-Honoré, 72.*
Spécialité de tables à jeu enveloppe (breveté S. G. D. G.).
Ébénisterie et bronze de style.
Reproduction exacte de meubles et bronzes anciens. — Flambeaux. — Bouillotte.
M. B. *Exposition universelle, 1878.*

52. LEMAIGRE (Gustave-Nicolas), tapissier. *Rue de Birague*, 14.

Exposition universelle, 1855, M. 2ᵉ cl. — *Union centrale,* 1865, M. H. — 1874, M. B. — 1876, R. M. B.

Meubles mécaniques.

53. LEROUX (Auguste-Ferdinand), tapissier. *Rue Montmartre,* 80.

M. H. *Exposition universelle,* 1878, — M. H. *Union centrale,* 1865 et 1876.

Canapés et divans-lits.

Voir *Revue industr.,* page 39.

54. LIEFQUIN (Alphonse).

M. *Exposition collective ouvrière,* 1878. — M. B. *Institut des arts industriels.*

Crédence en bois sculpté.

55. LOUAULT (Charles). *Rue de la Roquette,* 56.

Union centrale, 1876, M. H. — *Exposition universelle,* 1878, M. B.

Meubles sculptés.

Voir *Revue industr.,* page 26.

56. LOUVEAU (Auguste). *Rue Castex,* 3.

M. A. *Exposition universelle,* 1878.

Fabricant de meubles.

57. MAILLARD (Florentin), fabricant de meubles. *Rue Notre-Dame-de-Lorette,* 19 et 21.

Canapé-lit. — Divan-lit. — Commode-lit, etc., etc.

58. MAURICE (Émile). Toilettes hydrauliques. *Boulevard Beaumarchais,* 98.

M. B. *Exposition universelle,* 1878.

Voir *Revue industr.,* page 29.

59. MERCIER frères (Paul-Eugène). Meubles et sièges de style. *Faubourg-Saint-Antoine,* 100, et *rue Traversière,* 80.

M. B. *Exposition universelle,* 1878.

60. MUNZ (Charles), ébéniste. *Faubourg Saint-Antoine, 97.*

M. A. *Union centrale, 1876.* — M. B. *Exposition universelle, 1878.*

Meubles et tapisserie.

61. PALLISSON (Ernest), fabricant de billards. *Passage Saint-Pierre-Amelot, 11.*

M. B. *Exposition universelle, 1878.*

Billard.

62. PARCEINT et DELASNERIE, ébénistes-tapissiers. *Rue des Francs-Bourgeois, 35.*

Meubles. — Sièges. — Tentures.

63. PARDUENS (François), ébéniste. *Faubourg Saint-Antoine, 133.*

M. B. 1879.

Meubles de salle à manger.

Voir *Revue industr.*, page 37.

64. PERSONNE (Jean-Édouard), fabricant de toilettes. *Rue Royale, 8.*

Exposition universelle, 1878. M. H.

Toilettes Victoria.

65. PRUVOST (Henri). Pianos. *Rue Saint-Maur, 77.*

66. RAULIN (Victor), ébéniste. *Rue Turenne, 93.*

M. Londres, 1862. — *Exposition universelle, 1867,* M. B — *Union centrale, 1874,* M. A. — 1876, R. M. A.

Meubles riches en laque et autres.

67. RIEHL (Georges), ébéniste. *Faubourg Saint-Antoine, 54.*

68. ROBCIS (Gustave) (N. C.), *Faubourg Saint-Antoine, 75.*

Voir au Catalogue du Musée rétrospectif.

Glaces et cadres.

3 M. A., 1879.

Verres à vitres et glaces. Gravure sur verre. Vitraux d'église et d'appartement.

Seul représentant de la Société du verre trempé pour le verre à vitres.

Succursale : *Faubourg Saint-Antoine, 47.* Fabrique de miroiterie. Glaces nues et encadrées. Miroirs de Venise. Cadres riches et ordinaires. Dorure sur bois. Encadrements. Baguettes. Grand assortiment de glaces de tous styles et de tous prix. Entreprise spéciale de miroiterie pour le bâtiment.

68 *bis.* **ROBIN** (Florentin), fabricant de voitures portatives pour enfants. *Boulevard Pereire, 176.*

69. SCHAAL (Charles), fabricant de meubles. *Faubourg Saint-Antoine, 99.*

Voir *Revue industr.*, page 27.

70. SCHREUDER (Mme veuve). *Boulevard de Courcelles, 17.*

Bibliothèque à rayons multiples à développement.

71. SIMON (successeur de A. Gallais), fabricant de meubles. *Boulevard Richard-Lenoir, 77.*

M. Progrès, Vienne. — R. M. A. *Exposition universelle,* 1878.

Laques et meubles de style.

72. SOUVION (Pierre), sculpteur. *Rue des Tournelles, 7.*

M. B., 1879.

Sièges.

73. SURGET (Camille), fabricant de lavabos. *Boulevard Beaumarchais, 60.*

M. B., 1878. — M. A., 1872 et 1875.

Toilette à réservoir et robinetterie.

74. THOMAS (Séraphin), ébéniste. *Impasse Froissart, rue Commines, 7.*

Voir *Revue industr.*, page 33.

75. WEBER (Georges), fabricant de sièges. *Rue de la Roquette, 41.*
Fauteuils articulés.

76. WINTHER (Nathaniel), fabricant de pianos. *Rue Denfert-Rochereau, 77 et 84.*

77. PLEYEL WOLFF et Cⁱᵉ, fabricants de pianos. *Rue Rochechouart, 22.*
Succursale pour la location, *rue de Richelieu, 95.*
Celgna Pleyel, fondateur en 1807.
M. O., 1827. — 1834. — 1839. — 1844. — Hors concours, 1849. — 1855. — 1862. — 1867. M. O. (rappel), 1878. — Décorations de la Légion d'honneur, 1834. — 1862.
Pianos à queue à cordes croisées et à cordes parallèles. Petit modèle dit demi-queue, longueur 1ᵐ,80, à cordes croisées, prix 2,200 fr. Pianos droits à cordes obliques et à cordes verticales de 2,200 fr. à 1,300 fr. Pédaliers-claviers transpositeurs. Modèles riches de tous les genres.
A *Londres, New Bond street, 170. W.*
Voir *Revue industr.,* page 6.

CINQUIÈME CLASSE.

Céramique, émaux, vitraux, cristallerie.

78. BALENCIE (Antoine-Marie), dessinateur-verrier. *Rue de l'Abbaye, 3.*

Vitraux modernes.

Voici une nouvelle application de l'art du verrier à ajouter aux ressources déjà si considérables de l'industrie française.
Grâce au patronage désintéressé de M. Alfred Firmin-Didot, toujours fidèle aux traditions de ses nobles prédécesseurs, l'art décoratif aura un fleuron de plus à présenter aux amateurs du beau et de l'utile.
Les vérandah, les larges vestibules, les salles de fêtes, les lieux

de réception, ainsi que les modestes églises de campagne et les monuments funèbres, en un mot, toutes les constructions que MM. les architectes sont appelées à embellir, trouveront dans les *Vitraux modernes* une variété infinie de motifs dont l'inaltérabilité est garantie,

79. BARBIZET. Faïences d'art. *Place du Trône,* 15. M. A., *Exposition universelle,* 1878.

80. BESNARD (Ulysse), artiste-peintre à Blois. *Exposition universelle,* 1867, M. H. — 1878, M. A., *Union centrale,* M. O., 1876.

Céramique.

81. HENRI BEZIAT, faïences d'art. *Rue Paradis-Poissonnière,* 54.

Union centrale, 1876.

82. BLOT (Mlle Angèle), artiste peintre. *Rue Hallé,* 46. (14e arrondissement.)

Panneaux, plaques et plats en faïence.

82 bis. BOHN (Léon), sculpteur. *Passage des Favorites,* 29.

83. BOULENGER (Hippolyte) ✻ et Cie. *Choisy-le-Roi* (Seine).

Exposition universelle, 1878, M. O. et ✻.

Agence à Paris, *rue Paradis-Poissonnière,* 4.

A. Carrier, chef des travaux d'art. M., Vienne, 1873, et Paris, 1878. *Passage Dubail,* 19. *Paris.*

Décorations céramiques de tous styles et en tous genres.

Sculptures en haut relief ; originales. Peintures et décorations, pâtes sur pâtes dures à haute température.

Services de table sur et sous émail.

Majoliques au grand feu. Émaux ombrants. Barbottines tenant l'eau. Rouge flamme. Impressions sous couverte.

Fabrication de tous les objets d'utilité première. Pâte à feu. Toilettes, Garde-robes. Lavabos, etc., etc.

Décoration extérieure. Vases de jardins. Mascarons.

Revêtements céramiques. A. Bruneau, concessionnaire, *Rue des Petites-Écuries, 22.*

84. BROCARD (Philippe-Joseph), émailleur. *Rue Bertrand, 23.*
Union centrale, 1876, M. O. — Vienne, M. de progrès.
Verreries émaillées.

85. CELLIÈRE (Louis), céramiste. *Rue de la Sorbonne, 20.*
Union centrale, M. B. — *Exposition universelle*, 1878, M. H.
Porcelaine (bronze).

86. CHABIN (Henri), peintre, graveur, verrier. *Boulevard d'Enfer, 30 et 32.*
Vienne, 1873, M. M.
Vitraux peints et verres gravés.
Voir *Revue industr.*, page 12.

86 *bis*. CHAMPEIN (Mme Amélie), peintre. *Faubourg Saint-Honoré, 95.*
M. H. 1878.

86 *ter*. CHAMPION (Adrien), céramique. *Rue de la Quintinie, 24.*

87. CHEVALIER (Mlle Claire). *Rue Bonaparte, 47.*
Exposition universelle, 1878. M. B. — Sydney, M. O.
Peinture sur porcelaine et sur faïence.

88. COLAS (Charles), statuaire. *Impassé du Moulin-Vert, 18 (Paris-Montrouge).*
1879, M. B.
Terre cuite artistique.

89. DAMMOUSE (Albert), sculpteur-céramiste. *Sèvres (S.-et-O.), près la station, R. G.*
Expositions universelles, 1867, M. B.; 1878, M. A. — *Union centrale*, 1869, grand prix; 1874, M. A.; 1876, M. O.
Porcelaines. Pâtes rapportées.

90. DANIELLI (Joseph-Jean-Marie). *Boulevard Saint-Germain,* 152.

Métallisation. Durcissement et décorations artistiques du plâtre.

91. DARAS (Mlle Léontine), peintre.

Porcelaine décorée.

92. DECOMBES (Mlle Gabrielle), artiste peintre. *Rue Belidor,* 13 (Ternes).

Plaques et plats en faïence.

93. DEMILLY (Claude), fabr. de poteries. *Vichy* (Allier).

Terre cuites et poteries lustrées.

94. DUPONT (Mlle Julie), peintre sur porcelaine. *Rue Pirouette,* 5.

Exposition universelle, 1878, M. A.

95. ÉCOLE PROFESSIONNELLE DE L'ANCIEN HOTEL SULLY. — VIARD (Mlle Léonie), directrice. *Rue Saint-Antoine,* 143.

Exposition universelle, 1878, M. O. — M. et D. H. Vienne, 1873. (Voir classe 6*.)

Travaux d'élèves : Peintures sur porcelaine, faïence, étoffe, gouache, fleurs, confections.

Voir *Revue industr.,* page 9.

96. EGOROF (Erdoxime), artiste peintre. *Rue du Dôme,* 3.

Céramique.

97. FARGUE (Léon), ingénieur céramiste. *Faubourg-Saint-Martin,* 158.

Expositions universelles, 1867, M. A.; 1878, M. A.

Faïences.

98. FEHRENBACH (Mlle Mary), peintre. *Rue Saint-André-des-Arts,* 60.

Faïences.

99. FLATEAU (Nathan), graveur sur cristaux. *Rue Neuve-des-Capucines,* 18.

100. FONTAINE (Ernest). *Rue Ducouëdic,* 50.

Bustes et statuettes en terre cuite.

Voir *Revue industr.,* page 32.

101. GRENIER (François), mosaïste. *Rue Papillon, 3*
Exposition universelle, 1878, M. A. — *Union centrale,*
1869 et 1876, M. B.

Carrelages mosaïques.

102. HAVILAND et Cie, manufacture de porcelaines, à
Limoges. — Manufacture de faïences, *rue Michel-Ange, 116,*
à *Auteuil.* — Dépôt à *Paris, rue Paradis-Poissonnière, 15.*
Expositions universelles, 1855, 1867, M. — 1878, M. C. —
Philadelphie, M.

103. HÉCLER frères, poteries artistiques. *Ferney-Vol-
taire (Ain).*

Cette poterie est de création toute récente, elle est cuite à
une haute température, la terre est solide et sonore, l'éclat de
son émail, apprécié des connaisseurs, est aussi remarquable par
son adhérence et l'absence de gerçures.

Le caractère de la décoration est le haut-relief modelé des
fleurs et feuilles naturelles. La fabrique produit actuellement
des vases à fleurs, jardinières, cachepots, tasses, plats décoratifs, articles de fantaisie, etc.

104. HOURY (Jules), faïences d'art. *Faubourg Poisson-
nière, 50.*

Exposition universelle, 1866, M. B. — Vienne, 1873, M.
M. — *Exposition universelle,* 1878, M. A.

105. IMBERTON et Cie (Philippe), émailleur sur verre.
Rue Rochechouart, 19.

Émaux sur verre art ancien.

Voir *Revue industr.,* page 40.

106. JACOBBER (Mme Emma), peintre céramiste. *Rue
des Lions-Saint-Paul, 2.*

Faïences, émaux, porcelaines.

107. JAMES (Louis), céramiste. *Boulevard de Clichy,
48-52.*

M. H. *Exposition universelle,* 1878.

108. JEAN (Auguste) **et C**ie, céramistes et verriers. *Rue Dombasle,* 61.

Faïences et verreries artistiques.

109. KELLER (Gustave-Louis), huîtrier breveté en porcelaine. *Rue de Turbigo,* 65.

Voir *Revue industr.,* page 29.

110. KALESKI (Selig), graveur sur métaux et cristaux. *Rue Sainte Croix de la Bretonnerie,* 26.

111. LADREYT (Eugène), statuaire humoristique. *Boulevard Voltaire,* 292.

Exposition universelle, 1878, M. II.
Statuettes en terre cuite polychrome.

Voir *Revue industr.,* page 23.

112. LANDRY (Félix), faïences d'art. *Rue du Buisson Saint-Louis,* 12.

Exposition universelle, 1878. M. II.
Vases, jardinières, plats et objets de fantaisie.

113. LAURIN (François), faïences d'art. *Bourg-la-Reine,* (Seine).

M. A., *Union centrale,* 1861. — M. 1re classe, *Union centrale,* 1863. — M. 1re classe, *Union centrale,* 1865. — M. B., *Exposition universelle,* 1867.—M.M., Vienne, 1873.—R.M.A., *Union centrale,* 1874.— R. M. A., *Union centrale,* 1876.

Fabrique de faïence blanche, fondée en 1790, à laquelle M. Laurin (François) a annexé en 1856 sa faïencerie d'art.

114. LECLERC (Jean-Eugène), graveur. *Rue Bonaparte,* 58.

Exposition universelle, 1878. M. II.
Gravure sur l'argenture des glaces.

115. LÉPINAY (Eugène), peintre sur verre. *Rue du Montparnasse,* 47.

116. LE SUEUR (Mlles Claire et Gabrielle), peintres-
céramistes. *Rue de Saintonge,* 102.

M. A. 1879.

(Voir classe 6e).

Peintures céramiques et éventails.

117. LORIN (Nicolas), peintre-verrier, *à Chartres et à
Paris, Rue de Vaugirard,* 89.

119. MASSIER (Clément), *à Vallauris* (*Alpes-Mariti-
mes*).

M. A. *Exposition universelle,* 1878.

Faïences artistiques.

120. MILET (Optat), fabricant de faïences. *Rue de
Troyon,* 8, *Sèvres* (Seine-et-Oise).

M. A. *Exposition universelle,* 1878.

M. B. *Union centrale,* 1876.

121, PUISOYE (Mlle Marie), peintre sur émail. *Rue
Corneille,* 3.

(Voir classe 12e, Métal).

122. PULL (Georges), céramiste. *Rue Blomet,* 122.

Plats, vase, jardinières en faïence.

123. REYEN (Alphonse-Georges), graveur sur vitraux.
Rue de Mulhouse, 13.

M. B. *Exposition universelle,* 1878.

(Voir classe 12°, métal).

Camées.

124. RIVIÈRE (Octave de), artiste décorateur. *Rue
Maurepas, à Thiais* (Seine).

M. H. *Exposition universelle,* 1878.

Poteries décoratives.

125. ROOLF (Paul), céramique d'art. *Rue du Château-
d'Eau,* 10.

Manufacture à *Choisy-le-Roi* (Seine).

Lithophanie française.

126. SAILLAC (Mlle Carmel-Marie), peintre. *Avenue Victoria*, 15.

Porcelaines décorées.

127. SCHOPIN (Eugène), faïencier. *Montigny-sur-Loing* (Seine-et-Marne).

M. A. *Exposition universelle*, 1878. — M. B. *Union centrale*, 1874 ; M. A. 1876.

128. SERGENT (Thomas-Victor), faïences artistiques. *Avenue d'Orléans*, 106.

M. B. *Exposition universelle*, 1878. — M. B. *Union centrale*, 1876.

129. SIMONS ET Cie (Renault, directeur du dépôt), carrelages céramiques. *Rue de Trévise*, 49.

Usine *Au Cateau* (Nord).

M. A. *Exposition universelle*, 1878.

130. SOCIÉTÉ DES FABRIQUES DE PORCE-LAINE ET DE TERRE CUITE DE VIER-ZON.

Rue Neuve, 36. *Vierzon* (Cher).

1er Prix, *Exposition universelle*, 1878. — *Union centrale*, 2° prix, 1874 et 1876.

Terres cuites et porcelaines.

131. SOCIÉTÉ DES VITRAUX PEINTS DE SAINT-DENIS. *Impasse des-Sauvages*, 4 (Saint-Denis).

Vitraux pour église et appartements.

132. TIERCELIN, peintre-verrier. *Rue Vandamme*, 27.

M. H. *Exposition universelle*, 1878. — M. H. *Union centrale*, 1874. — M. B. 1876.

Vitraux d'appartements.

133. VALLIER (Mlle Céline), peintre. *Rue des Tournelles,* 17.

Porcelaines, faïences, tableaux.

SIXIÈME CLASSE.

Costumes et parures, tissus pour vêtements, dentelles, broderies, passementerie, boutons, éventails et fleurs artificielles.

133 *bis*. AUDEBERT (Mme veuve Eulalie), fruits artificiels. *Route de Versailles,* 143.

Exposition universelle, 1878. M. A.

134. BENEZIT (Mme Euphrasie), fabricant de fleurs artificielles. *Rue Matignon,* 32.

Plantes décoratives.

135. ÉCOLE PROFESSIONNELLE DE L'ANCIEN HOTEL SULLY. — VIARD (Mlle Léonie), directrice. *Rue Saint-Antoine,* 143.

Exposition universelle, 1878. M. O. — Vienne, 1873, M. et D. H.

(Voir classe 3e).

Travaux d'élèves : Peintures sur porcelaines, faïence, étoffe, gouache, fleurs, confections.

Voir *Revue industr.,* page 9.

136. AU TAPIS ROUGE. FLECK FRÈRES. *Rue du Faubourg-Saint-Martin,* 65 et 67 ; *rue du Château-d'Eau,* 54, 56 et 58.

M. H. *Exposition universelle,* 1878.

Robes et manteaux. — Tapisseries. — Meubles. — Literie.

(Voir classe 5e).

Voir *Revue industr.,* page 19.

137. GAUDET (Gabriel), artiste - peintre. *Grande rue des Prés-Saint-Gervais,* 111.

Écrans et éventails.

138. AUG. LEFÉBURE FRÈRES, fabricants de dentelles. *Boulevard Poissonnière,* 15.

Expositions universelles : 1855, 1867, M. O.; — 1878, G. P. — 1849 et 1878, ✳.

138 bis. JOUVENCEL (Jean-Baptiste), fleurs, *Faubourg Saint-Martin,* 120.

139. LE SUEUR (Mlles Claire et Gabrielle), peintres-céramistes. *Rue de Maubeuge,* 102.

M. A. 1879.

(Voir classe 5e).

Peintures céramiques et éventails.

140. LUNEAU (Mlle Eugénie-Marie), dessinatrice. *Rue de la Tour-d'Auvergne,* 27.

Dessins de broderie.

141. MASSE (Mlle Jeanne-Alice), artiste-peintre. *Boulevard Richard-Lenoir,* 49.

Éventails, gouache, oiseaux grisailles.

142. PETIBON (Eugène). Boutons en nacre sculptés. *Rue Simon-Lefranc,* 22.

143. VEITH (Charles). Ouvrages en bois sculpté. *Rue des Messageries,* 10.

M. P., Vienne, 1873. — M. A., *Exposition universelle,* 1878.

Monogrammes et dessins pour broderies. — Ouvrages en bois sculpté provenant des forêts de Bohême.

SEPTIÈME CLASSE.

Art appliqué à l'enseignement et à la vulgarisation.

144. BAUDARD (Marius-François), chef d'institution. *Nogent-sur-Marne.*

Calendrier historique.

Voir *Revue industr.,* page 36.

145. BORDEAUX (Henri), dessinateur. *Boulevard Saint-Martin, 55.*

M. H. *Exposition universelle,* 1867.

Pages manuscrites sur parchemin avec enluminures pour livres de mariage, images, etc., etc.

146. BOUCHARD (fils aîné). *Rue de la Parchemine-rie, 2.*

Boîtes pour peintres et bordures pour cadres.

146 *bis.* **BOULNOIS** (Alexandre), peintre, *Rue de Lille, 19.*

147. BRAUN et Cie. éditeurs-photographes. *Boulevard des Capucines, 3, et Avenue de l'Opéra, 43.*

Exposition universelle, 1867, M. 1re cl. — 1878, M. O. — *Union centrale,* M. O.

Reproductions photographiques.

148. BUREAU (Jean-Baptiste-Hippolyte), instituteur. *Rue Pixéricourt, 11.*

Dessins d'élèves.

149. CANSON et Cie, éditeurs. *Rue des Beaux-Arts, 6.*
Arts industriels et décoratifs.

149 *bis.* **COMBAZ** (Eugène), architecte. *Boulevard Flandin, 15, à Passy.*

M. O. Paris, 1878.

150. COUVREUX (Eugène). *Rue Pastourelle, 16.*
Nouvel appareil à imprimer.

151. DAVID (Joseph-Adolphe), dessinateur. *Avenue du Maine, 69.*

M. H., *Exposition universelle,* 1878.
Plaque découpée universelle.

152. GORDE (Auguste), photographe. *Rue Antoinette, 15.*
M. B., *Exposition collective ouvrière,* 1878.
Panphographe : Appareil pour le tirage direct de toute image.— Brochure explicative.

153. IKELMER (Alfred), éditeurs. *Rue des Francs-Bourgeois*, 47.

153 *bis*. **LANGLOIS** (Mlle Amélie), professeur de dessin. *Rue du Sommerard*, 11.
Diplôme à Londres, 1871.

154. LIÈVRE (Édouard), auteur de livres d'art. *Rue Rossini*, 3.
M., *Exposition universelle*, 1867 et 1878. — ✳, 1875.
. Le musée graphique.

155. MIEUSEMENT (Médéric), photographe. *Blois.*
M. A., *Exposition universelle*, 1878.
Officier d'Académie, 1880.
Albums photographiques sur les différentes écoles françaises du XIe siècle au XVIIIe.

156. PATTE (Auguste-Louis), photographe. *Rue de l'Écu*, 79, *Boulogne-sur-Mer*.
M. H., *Exposition universelle*, 1878.
Vues et portraits.

156 *bis*. **PÉLISSIER** (Jean-Joseph). *Rue Mayet*, 10.
Dessins sur ivoire.

157. PERICHET (Auguste), photographe. *Rue Vavin*, 18.
Exposition universelle, 1878, **M. H.**
Photographie sur bois.

157 *bis*. **ROUAM** (Jules), éditeur. *Avenue de l'Opéra*, 33.
L'Art (revue), gravures, livres.

158. SUZANNE (Léon), fabricant d'articles classiques, *Rue Malebranche*, 5.
Officier d'Académie. — *Union centrale*, 1876, **M. B.** — *Exposition universelle*, 1878, **M. A.**
Tableaux à volets pour le dessin. — Solides et figures géométriques en fil de fer.

159. TERQUEM (Émile). Articles brevetés à l'usage pratique des bibliothécaires-libraires et amateurs. *Boulevard Saint-Martin,* 15.

M. A., 1879.

Voir *Revue industr.,* page 27.

160. VIDAL (Léon). Épreuves photochromiques. *Rue Talma, 3, Passy.*

HUITIÈME CLASSE.

Industries diverses, articles de Paris, etc.

161. BERNAUDAT, *Boulevard Malesherbes,* 39, à *Paris.*

Fabricant d'articles de Spa, peintures sur bois.
Commission et exportation.

162. BOISSEL (Sévère-Honoré), opticien. *Quai de l'Horloge,* 19.

Exposition universelle, 1878, M. B.
Jumelles en argent et aluminium gravées et ciselées.
Voir *Revue industr.,* page 34.

163. COLLIN (Louis), coutelier. *Boulevard de la Villette,* 182.

Spécialité de casse-noix. — Manches à gigot, et autres articles.

164. DESMAREST et COSNARD (Antoine-Joseph), fabricant de cristaux montés. *Rue du Chemin-Vert,* 40.

1879, M. B.
Fontaine décorative avec sujet en bronze.
Voir *Revue industr.,* page 37.

165. DIENST (Jules), fabricant de monogrammes. *Rue de Sèvres,* 112.

166. DUPERRIER fils (Joany), mécanicien. *Rue Rochebrune,* 8.

Contrôleurs d'entrées et de sorties.
Voir *Revue industr.,* page 42.

167. DUPRÉ et CHEYROUX (Stephen et Jean). *Rue d'Orléans*, 14 (Neuilly).

Objets de fantaisie en terre sculptée.

168. GIRAUDON (Sylla-Auguste), O ✳ et ✳ de plusieurs ordres. *Rue du Hasard*, 1.

Maroquinerie et tabletterie en requin de Chine.

Union centrale, 1861, M. B.; 1876, M. B. *Exposition universelle*, 1878, M. A. — Londres, 1862, Prize Medal.

Voir *Revue industr.*. page 11.

169. GOUGET (Hippolyte), négociant. *Rue Delambre*, 46.

Tableaux indicateurs en métal.

170. GUIMONNEAU et HENRY. *Rue de l'Ambigu*, 22.

Tardiveau, 2 M. A. — *Exposition universelle*, 1878, Guimonneau. — 1879, M. B.

Vannerie décorée de la maison Tardiveau. — Jouets.

171. HALBOISTER, fabricant de cadres et d'albums. *Rue des Vieilles-Haudriettes*, 5.

Exposition universelle, 1878, M. B.

Cadres et albums en bronze, velours, cuir, etc.

Voir *Revue industr.*, page 25.

172. JACQUINET (Auguste), *Passage Chausson*, 6.

Bougeoirs. — Bobèches métalliques. — Brûle-tout. — Articles divers nickelés.

Voir *Revue industr.*, page 34.

173. LAMOUROUX (Pierre), articles d'éclairage. *Rue Sainte-Apolline*, 7.

174. LARIVIÈRE (Jean Baptiste), coutellerie. *Rue des Canettes*, 7.

175. E. MONROY et Cⁱᵉ. *Rue Popincourt*, 34.

M. H., *Exposition universelle*, 1878.

Siphons et appareils à eau de Seltz.

176. PARAVICINI (Charles), mécanicien. *Rue de Paris*, 80, à Pantin (Seine).

177. MERCIER (Pierre-Désiré), fontaines hygiéniques. *Rue Oberkampf,* 145.

178. RAGAREUX (Eugène), fabricant de cadres. *Rue du Vert-bois;* 35.

M. H. *Exposition universelle,* 1878.
Cadres en velours.

179. RADIGUET et CORDONNIER, poupées et objets de fantaisie. *Boulevard Saint-Martin,* 37.

180. RAVENET (aîné, Louis-Alphonse), fabricant de peignes.

Union centrale, 1874 : M. B. — 1876 : R. M. B.
Reproduction du travail au moyen âge.
Spécialité de peignes à décrasser, buffle, corne, buis, bois.

Nombreuses récompenses aux Expositions de Paris et de l'Étranger. Commission. Exportation.

181. RICHE (Louis), fabricant de manches à gigot. *Rue de Rambuteau,* 71.

Voir *Revue industr.,* page 30. ?

182. TERRÊNE (Adèle), bébés, poupées artistiques, costumes historiques. *Rue du Marché Saint-Honoré,* 10.

183. TRÉPIER (François), gainier. *Rue Chapon,* 13.

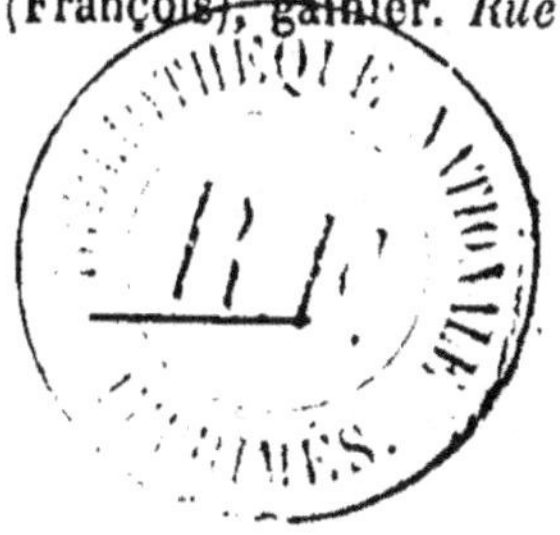

II

EXPOSITION TECHNOLOGIQUE.

LE MÉTAL

GROUPE Ier
EXPOSITION MODERNE.

PREMIÈRE CLASSE.

Métallurgie. — Outils et procédés.

Extraction des minerais. — Préparation des métaux. — Moyens de travail. — Mise en œuvre. — Apprêts. — Galvanoplastie. — Dorure, bronzage, nickelage, etc. — Estampage. — Frappe des monnaies. — Étirage et perçage. — Tours, etc., etc. — Toutes machines-outils spéciales au travail des métaux. — Installation d'ateliers.

183 *bis*. ALAINE (Auguste), fondeur. *Rue du Chemin-Vert,* 46.

184. BARBEDIENNE C. ✳ *boulevard Poisson-nière,* 30.
(Voir à la 7e classe). Bronzes d'art.

184 *bis*. BERGER-SPENCE (John), métal Spence. *Rue de la Michodière,* 20.

185. BOUCART (Eugène-Jean), fabricant d'instruments de précision. *Faubourg-St-Jacques,* 1.
M. B. *Exposition universelle,* 1878.
Pièces de mécanique, faites par des apprentis.

186. BRIDAULT (Emmanuel), planeur. *rue de la Huchette, 27.*

Expositions universelles : 1855, M. 1re et 2e classe.— 1867, M. 1re classe. — 1878, M. A.

Planches de cuivre, acier et zinc pour graver.
Voir *Revue industr.*, page 35.

187. MAISON BUNON, brevetée s. g. d. g., fondée en 1832, *rue Vieille-du-Temple*, 27. Paris. Haute nouveauté du jour, porte-serviettes, relève-jupes sans ceinture ni cordon. — Colliers, gilletières, sautoirs, jarretières et bracelets multicolores.

Fabrique spéciale de chaînes à la machine, or, argent et cuivre doré, genre filigrane. Plusieurs modèles déposés.
(Voir à la 4e classe).

188. CHRISTOFLE ET Cie, O. ✳. *Rue de Bondy, 56.*

(Voir à la 3e classe).
Atelier d'orfèvrerie.
Voir à la page 4 de la couverture.

189. CHERTEMPS (Alexandre-Denis), mécanicien. *passage St-Sébastien, 11 bis.*

M. H. *Exposition universelle,* 1878.
Laminoirs.

190. DALIFOL ET Cie. *quai Jemmapes, 172.*
Fonte malléable.

190 *bis*. DANIEL, bijoutier. *Rue de Saintonge, 43.*

190 *ter*. DESMOUTIS, QUENESSEN et LE BRUN, fabricants de platine. *Rue Montmartre, 56.*

190 *quater*. DESOR, bijoutier. *Rue de Picardie, 44.*

191. FONDERIE GÉNÉRALE DE GRENELLE, 56, *rue de Lourmel.*

M. B. *Exposition universelle,* 1878.
(Voir à la 7e classe).
Métaux bruts et ouvrés.
Voir *Revue industr.*, page 16.

191 *bis*. **FRET**, serrurier. *Avenue Parmentier,* 14.

192. **GAGET-GAUTHIER** et **C**ie. *Rue de Chazelles,* 25.

Diplôme d'honneur, Vienne, 1873. — Grand prix, médaille d'or, Paris, 1878.

Plomberie et cuivrerie d'art.

192 *bis*. **GASPARD** et **BELLE**, fabricants de maillechort. *Rue de Saintonge,* 62.

192 *ter*. **GITS**, marbrier. *Rue de la Roquette,* 59.

193. **HALLET** (François), découpeur. *Boulevard Voltaire,* 266.

M. H. *Exposition universelle,* 1878.

Métaux découpés.

194. **HENRY** (Paul). *Passage des Favorites,* 21.

Meules émeri. — Papiers et toiles à polir. — Machines à meuler. Voir *Revue industr.,* page 45.

195. **HURÉ** (Pierre-Philippe), constructeur. *Rue Fontaine-au-Roy,* 8.

M. A. 1879.

Machine à fraiser. — Machine à canneler. — Étau-limeur, Tours.

196. **KIRK**, mécanicien. *Rue du Battoir,* 9. Modèle de machine à vapeur.

196 *bis*. **LANGE**, fabricant de maillechort. *Boulevard Voltaire,* 1.

196 *ter*. **LASSUS**, mécanicien. *Rue de Normandie,* 10.

197. **LYON-ALLEMAND** (comptoir Ve). *Rue Montmorency,* 13.

Affinage d'or et d'argent.

197 *bis.* **MILLET**, bijoutier. *Rue de Saintonge*, 26.

197 *ter.* **MORTELETTE** (Louis), mécanicien. *Rue de la Présentation.*

Mouton à estamper.
Méd. Bronze, 1878.

198. NEVEUX (Constant-Henri), *Rue du Cloître-Saint-Jacques*, 3.

Fabricant de poudre de rubis.
Voir *Revue industr.*, page 39.

199. « **LE NICKEL** » (Société anonyme). Siège social à Paris, *rue de la Chaussée-d'Antin*, 38.

2 médailles d'or, Paris, 1878.

200. PETETIN et Cie (Léon). *Rue des Francs-Bourgeois*, 39.

M. A. *Exposition universelle*, 1878.
Traitement des cendres d'orfèvrerie, fonte des métaux précieux. — Essais d'or et d'argent. — Produits aurifères et argentifères.
Voir *Revue industr.*, page 35.

201. REVEILHAC (Léon). *Rue de Fontenay*, 145, à Vincennes.

Tréfilerie, laminage de métaux précieux.

202. RIVAL (Jules), mécanicien. *Rue de Paris*, 170, à Vincennes.

Chalumeau à souder pour orfèvre et bijoutier.

203. SOCIÉTÉ ANONYME DES ZINCS FRANÇAIS. *Rue du Quatre-Septembre*, 15.

(Voir à la 11º classe).
Zinc brut et zinc ouvré.
Voir *Revue industr.*, page 24.

204. SOCIÉTÉ FRANÇAISE D'INOXYDATION ET DE PLATINAGE. *Rue Neuve-des-Petits-Champs*, 76.

Objets en fer ou fonte décorés.
Voir *Revue industr.*, page 21.

6.

DEUXIÈME CLASSE.

Modèles des artistes.

Exposition de l'œuvre des artistes. — Modèles types. — Maquettes. — Dessins. — Plâtres. — Plans. — Photographies, etc., de toute œuvre ayant été reproduite par les arts du métal et de toute création destinée à ces mêmes industries.

206. FERVILLE-SUAN (Charles-Georges), sculpteur. *Rue de la Folie-Méricourt*, 64.

Modèle en plâtre de chenets avec galerie. — Deux dessins. — (Compositions originales.)

Cours de peinture et de dessin, professé par M. et Mme Ferville-Suan, née Davieille.

207. GERMAIN et DUVAUX, sculpteurs. *Rue Saint-Sabin*, 16.

M. H. *Exposition universelle*, 1878.
Vase, modèle pour bronze.

208. GUGNY (Robert), sculpteur. *Rue Oberkampf*, 87.

M. B. *Exposition universelle*, 1878.
Modèle en plâtre d'un cartel applique.

209. DE KORSAK (Albert), dessinateur industriel. *Rue du Terrage*, 11.

210. LE CHESNE (Henri), sculpteur. *Rue Lebrun*, 66.
(Voir à la 7° classe.)
Dessins modèles de bronzes.

211. MOREAU (Hippolyte), sculpteur. *Rue de Romainville*, 52.
Bas-relief plâtre.

212. RADOUAN (Auguste), sculpteur. *Cours de Vincennes*, 14, Paris.

Mention honorable et médailles de bronze aux *Expositions et Concours de l'Union centrale* de 1876, 1878, 1879, 1880.
Aiguière et son plateau. — Coffret XV° siècle.

TROISIÈME CLASSE.

Orfèvrerie.

Or. — Argent. — Cuivre.— Aluminium. —Nickel, etc. — Galvano-
plastie. — Fonte. — Dorure. — Argenture. — Ciselure. —Émail.
— Orfèvrerie religieuse. —Orfèvrerie d'art.—Orfèvrerie de table.
— Nécessaires de toilette, de voyage. — Garnitures de bureau.

213. BAPST ET FALIZE, ✳ bijoutiers-joailliers.
Avenue de l'Opéra, 43.
Grand prix, Paris, 1878.
Bijoux, émaux, pièces d'art.

214. CHERTIER (Alexandre), orfèvre, bronzier. *Rue
Férou, 7.*
Exposition universelle, 1855, M. B.— 1878, D. H.— *Union
centrale,* 1876, M. O.
(Voir à la 7ᵉ classe).
Orfèvrerie et bronzes d'église.

215. CHEVRIER (Louis). *Rue du Vert-Bois, 4.*
M. *Expositions universelles* 1867 et 1878.
Cafetière de table : argent, ruolz et bronze.

216 CHRISTOFLE ET Cⁱᵉ orfèvres. *Rue de
Bondy, 56, Paris.*

Récompenses obtenues dans les Expositions universelles :
— Londres 1851, Prize Medal. — Paris 1855, grande Médaille
d'honneur. Londres 1862, grande médaille d'honneur,
Chⁱᵉˢ HRISTOFLE O ✳. Paris 1867, hors concours, P. CHRIS-
TOFLE, membre du Jury. H. BOUILHET ✳. — Vienne 1873,
grand diplôme d'honneur, P. CHRISTOFLE ✳. — Paris 1878,
Grend prix, 17 récompensés pour les collaborateurs H. BOUIL-
HET O. ✳.

Exposition de l'Union Centrale 1869, 1874, 1876, hors
concours, membre du Conseil d'anministration.

Orfèvrerie d'art. Orfèvrerie argentée. Couverts argentés sur métal blanc. Bronzes et Surtouts de table. Bronzes incrustés. — Émaux cloisonnés. Reproductions galvanoplastiques d'œuvres d'art, etc.

Fondé en 1842 par M. Charles Christofle, l'établissement de MM. CHRISTOFLE et Cie est dirigé aujourd'hui par MM. Paul Christofle et Henri Bouilhet. Il occupe à Paris 850 ouvriers, à Saint-Denis 400, et à Calsruhe (grand duché de Bade) 150 ; ensemble 1,400 ouvriers. Le chiffre d'affaires pendant l'année 1879 a été de 9,446,448 francs 60 centimes. La production annuelle en couverts s'élève à 80,000 douzaines. Le poids d'argent déposé a été en 1879 de 6,786 kilos 760 grammes.

Voir à la 4e page de la couverture.

217. COUQUAUX (François-Théophile), orfèvre-joaillier. *Rue Saint-Honoré, 402.*

M. A. 1878.

(Voir à la 4e classe.)

Orfèvrerie, bijouterie, joaillerie d'art (genre ancien).

218. FANNIÈRE FRÈRES, O. ✳, C. ✳, sculpteurs et ciseleurs. *Rue de Vaugirard, 53.*

1855, Paris, 2 médailles, Fannière ✳ — 1862, M. Fannière jeune ✳ — 1865, Union centrale, M. O. — Expositions universelles 1867, M. II. — 1878, Grand Prix. — M. Fannière O. ✳.

Orfèvrerie et bijouterie.

219. FRENAIS (Armand), orfèvrerie. *Boulevard Richard-Lenoir, 77.*

220. FROMENT-MEURICE, ✳, orfèvre-joailler. *Rue Saint-Honoré, 372.*

Pièces d'orfèvrerie et de joaillerie.

221. **MEGEMOND** (Joseph), orfèvre. *Rue de la Perle*, 9.

M. A. *Exposition universelle,* 1878.

222. **MERLE** (Charles), filigraniste. *Rue Beaurepaire,* 26.

M. B. Paris, 1878.

Orfèvrerie, vannerie artistique en métal.

Voir *Revue industr.,* page 33.

223. **MEISSNER** (Benjamin-Gustave-Louis), fabricant de bronzes et d'orfèvrerie. *Rue de Saintonge,* 4.

Exposition universelle 1878, **M. A.** — *Union centrale* 1869, **M. B.**; 1876, **M. A.**

(Voir à la 7e classe.)

Statuettes, groupes, jardinières et fantaisies riches.

224. **NICOUD** (François), fabricant d'orfèvrerie. *Boulevard de Strasbourg,* 19.

M. A. *Exposition universelle,* 1878.

Orfèvrerie d'argent.

Voir *Revue industr.,* page 13.

225. **PHILIPPE** (Émile), fabricant de bijouterie et d'orfèvrerie d'art. *Boulevard Sébastopol,* 100.

M. progrès et bon goût, Vienne, 1873. — M. Philadelphie, 1876. — *Expositions universelles* 1867 et 1878, **M. O.** — *Union centrale* 1869 et 1876, hors concours.

(Voir à la 4e classe.)

Bijouterie d'art et pièces de vitrine.

225 *bis.* **POUSSIELGUE-RUSAND** (Claude), orfèvre. *Rue Cassette,* 5.

1867, Méd. d'Or, Paris. — 1876, Méd. d'Honn., Philadelphie. 1878, M. O., Paris.

226. ROBERT (Jean-Joseph), fabricant de couverts en argent. *Rue Portefoin,* 11.

Bayonne 1862, M. H.—Le Havre, 1868.—Altona 1869, M. U. Paris 1867, M. Coo. de France. — Beauvais 1869, M. 1re cl. Blois 1875, M. B. — Beauvais 1879, M. 1re cl. — Paris 1879, M. V. et B.

Couverts, timbales, tabatières brevetées et orfèvrerie.
Voir *Revue industr.*, page 24.

227. TABURET, orfèvre. *Rue Pasquier, 3.*
Voir *Revue industr.*, page 40.

228. TRIOULLIER FRÈRES, orfèvrerie et bronze. *Rue de Grenelle,* **24.**

M. de 1re classe, *Expositions universelles,* 1855 et 1867. — M. Londres, 1862.

QUATRIÈME ET CINQUIÈME CLASSE

RÉUNIES.

Bijouterie. — Joaillerie. — Lapidairerie.
Pièces de vitrines. — Gemmes montées.

Bijoux d'or. — Bijoux d'argent. — Tabatières. — Flacons. — Garnitures. — Croix d'ordre. — Bijoux en doublé d'or et en doublé d'argent. — Bijoux de cuivre doré et argenté. — Bijoux en fer et en acier poli. — Bijoux de deuil : jais, verre, bois durci, corne, etc. Joaillerie fine d'or ou d'argent : Sertie de pierres précieuses. — Joaillerie d'imitation. — Monture de pierres imitées. — Lapidairerie. — Diamants, perles, pierres précieuses et pierres fines. — Lapidairerie d'imitation. — Strass, perles soufflées.

229. BOUCHERON ✳, bijoutier-joaillier. *Galerie de Valois,* 151, 152, 153, 154 (Palais-Royal).

D. H. et M. P., Vienne, 1873. — Prize médal, Philadelphie. — *Expositions universelles,* 1876, M. O. — 1878, G. P.

230. BRETHIOT ET Cie (Laurent), lapidaire. *Rue Saint-Sauveur, 52.*

Exposition universelle, 1867, M. H. — 1878, M. A. — 1879, M. O.

Lapidairerie en tout genre pour les œuvres d'art.

231. BRASSAT (Henri), bijoutier. *Rue St-Lazare,* 22.

232. MAISON BUNON, fabricant de chaînes or, argent et cuivre doré. *Rue Vieille-du-Temple,* 27.

(Voir à la 1re classe).

233. COUQUAUX (François-Théophile), orfèvre-joaillier. *Rue St-Honoré,* 402.

M. A. 1878.

(Voir à la 3e classe.)

Orfèvrerie, bijouterie, et joaillerie d'art (genre ancien).

234. DEBUT ET COULON, joaillier. *Rue de la Paix,* 16.

Exposition universelle, 1867, M. B. — 1878. M. A.

Joaillerie et bijouterie.

235. DETOUCHE (Constantin-Louis), horloger, bijoutier, *Rue Saint-Martin,* 222, 228, 230.

(Voir à la 6e classe.)

Horlogerie, bronzes.

236. H. DURON (Charles-Henry), bijouterie-joaillerie. Objets d'art, *Rue Richelieu,* 110.

M. A. Paris, 1850. Prize Medal, Londres, 1862. — M. O. *Exposition universelle,* 1867. — M. O. *Exposition universelle,* 1878.

237. MINET (Auguste), directeur de l' « *École de la Chambre syndicale de la Bijouterie d'imitation* ». *Rue du Temple,* 118.

M. H. *Exposition universelle,* 1878.

Bijoux et plaques exécutés par les apprentis.

238. ESPENEL, bijoutier. *Rue du Petit-Thouars,* 14.

239. FONTENAY (Prosper-Eugène), ✳, bijouterie-joaillerie. *Place du Marché-Saint-Honoré,* 19.

M. O. *Exposition universelle,* 1867.

240. FOUQUET (Alphonse-Jules), joaillerie-bijouterie. *Avenue de l'Opéra,* 35.

Expositions universelles : 1855, M. 2e classe, Coopérateur. — 1878, M. O. — *Union centrale,* 1876, M. B.

241. E. GAILLARD FILS, fabricant de bijoux. *Rue du Temple,* 104.

M. A. *Exposition universelle,* 1878.

Bijoux repoussés, niellés et de fantaisie, etc., etc..

242. GARREAUD (Henri), lapidaire. *Rue de Riche-lieu,* 67.

M. A. *Union centrale,* 1876. — M. O. *Exposition univer-selle,* 1878.

Objets d'art et collection de pierres fines.

243. GRENET FRÈRES, bijoutier.

M. A. *Exposition collective ouvrière,* 1878. — 2 M. B., 1879.

Système de boutons de chemises et bijouterie de fantaisie.

244. GONDARD (Eugène), diamantaire. *Boulevard de Sébastopol,* 66.

M. A. *Exposition universelle,* 1878.

Pierres fines.

245. GUILLEMIN FRÈRES (Auguste et Hippo-lyte), bijouterie et joaillerie. *Rue des Moulins,* 20.

M. H. Londres, 1862. — M. O. Paris, 1878.

245 *bis*. HAGNEAUX, bijoutier-joaillier. *Rue Tur-bigo,* 78.

246. HÉRIGÉ (Jules), fabricant de bijouterie. *Rue du Parc-Royal,* 12.

M. A. *Expositions universelles* 1867 ✳, — 1878, membre du Jury. — M. A. *Union centrale* 1869.

Bijoux en doublé or et argent.

247. LAMARRE (Eugène), bijoutier-garnisseur.
Expositions universelles 1857, M. H. — 1878, M. A. et M. B. — M. de progrès, Vienne, 1873. — M. Londres, 1874. — M. Philadelphie, 1876.

Écaille, ivoire, requin, émail, acier, argent, nickelé et poli.

248. HUBERT (Léopold), bijouterie-orfèvrerie, *Rue Turbigo*, 24.
Union centrale 1869, M. B. — 1874, M. A. — Londres, 1862, M. H. — *Exposition universelle* 1878, M. O.

(Voir à la 3ᵉ classe.)

249. MARRET FRÈRES, fabricants joailliers-bijoutiers. *Rue Vivienne*, 16.
Expositions universelles 1855, Méd. Hon. — 1878, M. O.

250. MASSIN (Oscar-Sébastien-Henri), ✳, joaillier. *Avenue de l'Opéra*, 3.
Expositions universelles 1867, M. O. — G. P. et ✳, 1878.

251. MOLLARD (A.), bijoutier. *Place de la Bourse*, 6.
Paris, 1878, M. O.

252. MURAT (Charles), bijouterie or doublé. *Rue des Archives*, 6.
Expositions universelles 1855, 1867, 1878, M. O. — M. Londres, 1853. — M. Philadelphie, 1876.

253. MUSSEL (Henri). *Rue du Temple*, 71.
M. H. *Exposition universelle* 1878.
Bijouterie et bronzes, métal et filigrane.

253 *bis*. PAIN (Dominique), bijoutier. *Rue de l'Université*, 3.
Médaille de Bronze, 1874.

254. PAYAN (Hippolyte), bijoutier. *Rue du Temple,* 174.

Bijouterie, imitation artistique.

255. PHILIPPE (Émile), fabricant de bijouterie et d'orfèvrerie d'art. *Boulevard Sébastopol,* 100.

M. Progrès et Bon goût, Vienne, 1873. — M. Philadelphie, 1876. — *Expositions universelles* 1867 et 1878, M. O. — *Union centrale* 1869 et 1876, II. C.

(Voir à la 3ᵉ classe.)

Bijouterie d'art et pièces de vitrine.

256. REGEY ET Cⁱᵉ (ancienne maison Saumard et Regey). *Place des Vosges,* 11.

M. H. *Exposition universelle* 1867.

Bijoux en or doublé et en or 18 carrats. Grande spécialité de boutons, chaînes, médaillons, bracelets, etc.

257. ROULINA (Charles), diamants.

Bureaux : *Rue Lafayette,* 44, Paris.

Taillerie française de diamants :
Rue des Trois-Bornes, 15, Paris ;
A *Saint-Claude (Jura).*

Maisons : à *Amsterdam ;*
A *Rio de Janeiro (Brésil) ;*
A *Kimberley (Cape of Good Hope).*
Paris, 1878, 2 M. O., 1 A.

258. ROUSSEAU (Théophile), bijoutier. *Rue de Strasbourg,* 2.

M. H. *Union centrale* 1874.

Bijouterie d'acier, miniatures et émaux.

259. ROUVENAT ET LOURDEL, bijoutiers-joailliers. *Rue d'Hauteville,* 62.

M. H. *Exposition universelle* 1855. — M. O., 1867. — Vienne, II. C., O. ✳, 1873. — M. O., 1878.

260. SOUFFLOT FILS ET ROBERT, joailliers. *Rue du Quatre-Septembre*, 10.

Expositions universelles 1867, M. A. — 1878, M. O. — M. de progrès, Vienne, 1875.

261. TETERGER (Hippolyte), joaillerie. *Rue Neuve-Saint-Augustin*, 31.

M. O. *Exposition universelle* 1878.

262. TRELAT (Alphonse), bijouterie-joaillerie. *Rue du Hasard*, 15.

Paris, 1878, M. B.

263. VARANGOZ (Charles), lapidaire pour ameublement et amateurs. *Rue de Turenne*, 91, usine *à Saint-Siméon* (*S.-et-M.*)

Expositions universelles : 1867, M. B. — 1878, M. A. — Vienne, 1873, M. de mérite.

Cristaux de roche, montés, girandoles, coupes en toutes matières précieuses.

264. VIGOUROUX (Louis), bijoutier. *Rue du Temple*, 117.

M. H. Exposition universelle 1878.

Objets religieux en argent et chaînes de gilet pour deuil.

265. VOLLERIN-RAIN (Auguste), bijoutier. *Rue Denis-Papin*, 37 *(Blois).*

M. O. Blois, 75. — Palme argent *Union centrale*, et M. A. Orléans. — M. H. *Union centrale*, 1876.

Bijoux en argent ciselé.

266. ZIMMERLI (Edouard), apprêts pour la bijouterie. *Rue Turbigo*, 35.

Exposition universelle 1878, M. H.

(Voir à la 4ᵉ classe.)

SIXIÈME CLASSE.

Horlogerie.

Horloges. — Pendules. — Montres ornées.

267. BACHNER (Joseph), horlóger. *Rue de la Ver-rerie,* 52.

268. BERGKAMMER (Godefroy), horloger. *Rue Montmartre,* 28.

268 *bis*. BERNOUX. Bronzes d'art. *Rue des Filles-du-Calvaire,* 2.
Exposition universelle, 1878, M. B.

269. BONTEMS (Blaise). Oiseaux chanteurs. *Rue de Cléry,* 72.
Expositions universelles 1867, M. — 1878, M. A. — Vienne, 1873, Méd. de mérite. — Philadelphie, 1876, M.
Voir *Revue industr.*, page 36.

270. CADOT (Auguste), horloger. *Place de Valois,* 7. — Paris, 1875, M. B. — 1878, M. B.
Pendules mystérieuses.

272. DETOUCHE (Constantin-Louis), horloger-bijou-tier. *Rue Saint-Martin,* 222, 228, 230.
(Voir à la 4e classe.)
Horlogerie, bronzes.

273. DESFONTAINES horloger, *Palais-Royal,* 13-15, galerie Montpensier. — Maison Le Roy et fils.

273 *bis*. GARNIER (Paul), fabricant d'horlogerie. *Rue Taitbout,* 16.

274. HADANCOURT (J.-B.-Marie). *Rue des Filles-du-Calvaire,* 4.
Aiguilles de style, de luxe et de fantaisie pour l'horlogerie. — Chiffres et armoiries. — On exécute sur dessin.

275. MARCHAL (Charles), horloger. *Rue Charlot*, 83.
M. Vienne, 1873. — M. A. *Exposition universelle* 1878.
Pendules et bronzes.

276. REDIER et Cie, fabricants d'horlogerie. *Cour des Petites-Écuries*, 8.
G. P. *Exposition universelle* 1878.
Régulateurs.

277. ROBERT (Henri), horloger-bijoutier. *Faubourg Saint-Honoré*, 86.
M. de 1re cl. Paris, 1855. — 2 Price Medal, Londres, 1862.

278. ROSSET (Eugène-Hilaire), horloger.
Expositions universelles 1878. M. B. — Philadelphie, 2 M.
Pendules, statuettes mystérieuses.

279. SANDOZ (Gustave), horloger-bijoutier. *Galerie de Valois (Palais-Royal)*, 147, 148.
Expositions universelles : 1867, M. B. — 1878, 2 M. A.
— Membre du Jury aux expositions de l'*Union centrale* de 1874 et 1876.
Quatre médailles décernées par l'*Union centrale* aux collaborateurs.
Ateliers de fabrication : rue des Bons-Enfants, 19, et rue de Valois, 10, 20 et 21.
Bijouterie d'art.

SEPTIÈME CLASSE.

Bronzes d'ameublement. — Médailles. — Zinc d'art.

Groupes. — Statues. — Statuettes. — Vases. — Bas-reliefs. — Garnitures. — Bronzes d'ameublement. — Appareils d'éclairage. — Chenets. — Feux. — Petits bronzes. — Articles de Paris. — Galvanoplastie. — Médailles. — Monnaies. — Plaquettes. — Zinc d'art.

280. BARBEDIENNE (Ferdinand), C. ✱, fabricant de bronzes d'art. *Boulevard Poissonnière*, 30.
Bronzes, marbres, émaux.

281. BASSET (Antoine-Edme), fabricant de bronzes.
Rue Béranger, 7.

Exposition universelle 1878, M. A.

Bronzes d'art, statues, garnitures de cheminées.

282. BELIN jeune, sculpteur-éditeur. *Rue Turenne,* 62.
Exposition universelle 1878, M. B.

Bronzes d'art.

283. BELLANGER, FASBENDER (Charles),
fabricants de bronzes. *Rue Saint-Denis,* 218 bis.

Exposition universelle 1878, 1re M. — Vienne, M. de
mérite.

Garnitures de cheminées, écrans, éventails, garde-feu pour
foyers.

284. BERNOUX, bronzes d'art. *Rue des Filles-du-Calvaire,* 2.

Exposition universelle 1878, M. B.

Voir *Revue industr.*, page 31.

285. BERTRAND (Achille), bronzes et galvanoplastie,
Rue des Archives, 3.

Expositions universelles 1867, M. B. — 1878, M. A. —
Vienne, M. de mérite. — *Union centrale* 1863, M. 2e classe.

286. BEURDELEY FILS, fabrique de bronze et de
meubles, sculpture sur bois.

Maison de vente : *Rue Louis-le-Grand,* 32-34 (pavillon de
Hanovre).

Ateliers : *Rue Daulencourt,* 24 (Paris).

Récompenses obtenues dans les Expositions universelles :
Paris, 1867, M. O. — Paris, 1878, M. O.

Reproductions des œuvres du Musée du Louvre, des Palais
de Fontainebleau, de Versailles, du Trianon, etc.

Créations dans les styles des xviie et xviiie siècles.

Maison fondée au commencement du siècle.

Voir *Revue industr.*, page 8.

287. BLOT et DROUARD. *Rue des Archives,* 28.
Imitation de bronze. — Zinc d'art.

Prix d'honneur, *Union centrale,* 1874. — M. O. *Exposition universelle,* 1878.

Vienne, 1873, M. de progrès. — *Expositions universelles:* 1867, M. A. — 1878, M. O.

Pendules et accessoires.

288. BOUCHÉ aîné (Constant-Joseph), fabricant de bronzes, genre ancien. *Rue Charlot,* 38.

Voir *Revue industr.,* page 32.

289. BOUCHER frères, fabricants de bronzes. *Rue du Parc-Royal,* 5.

Pendules et objets d'art.

290. CHERTIER (Alexandre), orfèvre, bronzier. *Rue Ferou,* 7.

Expositions universelles : 1855, M. B. — 1878, D. H. — *Union centrale,* 1876, M. O.

(Voir 3ᵉ classe.)

Orfèvrerie et bronzes d'église.

291. P. CHACHOIN FILS, fabricant de bronzes. *Rue Saint-Gilles,* 12.

Exposition universelle 1878. M. B.

Garnitures de foyers.

292. CHEVALLIER jeune (François-Gustave), fabricant de bronzes. *Rue Charlot,* 48.

1879, M. B.

Pendules, bouts de table, flambeaux, encriers, etc.

293. COUPPÉ (François-Nicolas), bronzes d'art et d'ameublement. *Rue de Thorigny,* 12.

Pendules, candélabres, et articles d'éclairage.

294 HENRY DASSON, sculpteur, bronzier et meubles d'art. *Rue Vieille-du-Temple,* 106. Ateliers : 13, rue de Thorigny. M. O. à l'Exposition universelle de 1878.

La maison dont M. Henry Dasson est le chef aujourd'hui, a

été fondée en 1825 par Crozatier, qui vers 1855 la céda à son chef d'atelier Dreeheler, qui à son sour se retira le 1er janvier 1867.

C'est à cette époque que M. Henry Dasson en prit possession et que par son travail assidu et ses connaissances approfondies dans les choses artistiques, il sut grandir la réputation de cette vieille maison, qui maintenant est connue de tous les pays.

Il faut dire qu'afin d'être continuellement en rapport avec ses collaborateurs, M. H. Dasson a réuni dans sa maison ses ateliers de sculpture, ciselure, monture et ébénisterie, ce qui lui permet de surveiller la fabrication de ces objets d'art qu'on peut admirer dans ses salons de la rue Vieille-du-Temple.

Voir à la page 3 de la couverture.

295. DAVID (Pierre-Maurice), fabricant de bronzes d'art. *Rue Oberkampf*, 20.

Exposition universelle 1878, M. B.

Groupes, statuettes, garnitures de cheminées.

296. DENIERE (Guillaume), C. ✳, fabricant de bronzes. *Rue Charlot*, 9, et *rue Vivienne*, 15.

296 *bis*. DESMAREST (Charles), fabricant de bronzes. *Rue des Arquebusiers*, 11.

297. DINÉE (Gaëtan-Rodolphe), bronzes d'art. *Rue de Malte*, 21.

Expositions universelles, Paris, 1878, M. B. — Vienne, 1873, D. M. — *Union centrale*, 1874, M. A. (dessin); 1876, M. B. (bronzes).

Voir *Revue industr.*, page 20.

297 *bis*. DROMER (Pierre), chimiste. *Passage Piver*, 4.

Paris, 1878, M. H. — Vienne, 1873, D. M.

298. FONDERIE GÉNÉRALE DE GRENELLE.
Métaux bruts et ouvrés. *Rue de Lourmel*, 56.
  Exposition universelle 1878, M. B.
  (Voir classe 1re.)
  Voir *Revue industr.*, page 16.

299. GRENIER (Pierre), fabricant de bronzes. *Passage
Saint-Sébastien*, 2.
  Garnitures de cheminées,
  Voir *Revue industr.*, page 38.

300. GRINAND (Amédée), fabricant de bronzes. *Rue
Turenne*, 51.
  Exposition universelle 1878, M. H.
  Garnitures de cheminées.

301. GROSSET et VINCLER (Édouard et Victor),
fabricants de bronzes. *Rue Saint-Claude*, 8.
  M. B. *Exposition universelle* 1878.
  Bronze, composition d'étain et de plomb.

302 GUILLEMIN (Émile), statuaire, fabricant de
bronzes.
  Quai Jemmapes, 6.
  M. A. *Exposition universelle* 1878.
  Bronzes artistiques.

303. HOUDEBINE (Charles-Henri-Adrien), bronzes
d'art. *Rue Turenne*, 64.
  Paris, 1855, M. 2e classe. — Londres, 1862, Price Medal.
— Paris, 1867, M. A. — Vienne, 1873, M. P. et M. M. —
Paris, 1874, M. A. — Paris, 1876, M. O. — Paris, 1878, M. O.

304. HUMBERT (Xavier), bronzes d'art. *Rue Vieille-
du-Temple*, 128.
  M. A. 1879.

305. JEUKENS jeune (François), fabricant de bronzes.
Rue Vieille-du-Temple, 139.
  Bras, appliques, flambeaux, encriers, jardinières, et plats en
cuivre repoussé.

306. H. JOURNET et Ce. Société des marbres onyx d'Algérie. *Rue Popincourt*, 29. — 24, *Boulevard des Italiens*.

2 P. M. Londres, 1862. — D. H. Vienne, 1873. — *Expositions universelles* : 1867 et 1878, M. O.

Bronzes et marbres onyx.

307. KLEY (Louis), fabricant de bronzes. *Rue Turenne*, 38.

M. B. *Exposition universelle* 1878.

Bronzes d'art et de fantaisie.

308. LIARD (Ferdinand), fondeur. *Rue du Pont-Louis-Philippe*, 5.

M. B. *Exposition universelle* 1878.

Bronzes d'art, médailles anciennes.

309. LOHSE (Severin-Édouard), fabricant de bronzes. *Rue Vieille-du-Temple*, 121.

Expositions universelles, Londres, 1862, P. M — Vienne, 1873, Mérite et Progrès. — Paris, 1855, 2° cl. — 1867, M. A. — 1878, M. O. — *Union centrale*, 1874, M. O.

Bronzes d'art et d'ameublement.

310. MARCHAL (Charles), horloger. *Rue Charlot*, 83.

M. Vienne, 1873. — M. A. *Exposition universelle* 1878. (Voir classe 6°.)

Pendules et bronzes.

311. MARTIN (Louis), fondeur en bronzes. *Rue de Saintonge*, 9.

M. M. Vienne, 1873. — M. Philadelphie, 1876. — M. B. *Exposition universelle*, 1878.

Bronzes d'art et marbres.

311 *bis*. MARTIN (Ernest), fabricant de bronzes. *Rue Oberkampf*, 38.

312. MASSONNET et Cie (Charles), éditeurs de médailles. *Faubourg Saint-Denis*, 64.

Tableaux, médailles, galvanoplastie.

313. MEISSNER (Benjamin-Gustave-Louis), fabricant de bronzes et d'orfèvrerie. *Rue de Saintonge*, 4.

Exposition universelle 1878, M. A. — *Union centrale,* 1869, M. B. 1876, M. A.

(Voir classe 7e).

Statuettes, groupes, jardinières et fantaisies riches.

314. MORIS (Valbert-Louis-Victor), fabricant de bronzes. *Rue Charlot*, 78.

M. B. *Exposition universelle* 1878.

315. PAGÈS (Gérome), pendules et candélabres en bronze. *Rue Saint-Denis*, 48.

316. PARVILERS (Théophile), bronzes d'éclairage. *Rue Turenne*, 8.

M. A. *Exposition universelle,* 1878.

317. PELÉ (Casimir), petits bronzes de fantaisie. *Rue des Archives*, 14.

318. PEYROL (François-Hippolyte), fabricant de bronzes. *Rue de Crussol*, 14.

Expositions universelles 1867 et 1878, M. A.

319. PINÈDO (Émile), fabricant de bronzes. *Boulevard du Temple*, 40.

M. H. *Union centrale* 1874.

Bronzes d'art et de musées.

320. POULLAIN (Antony), fabricant de bronzes. *Rue des Archives*, 35.

M. H. *Exposition universelle* 1878.

Bronzes et suspensions.

321. RANVIER (Jules), ✳. — Bronzes et zincs d'art. *Rue Turenne*, 116.

Expositions universelles : 1855, M. B. — 1867, M. A. — 1878, H. C.

Torchères, pendules.

322. RAVENET (Charles), fabricant de petits bronzes. *Rue Turenne,* 107.

Exposition universelle 1878; M. B.

323. SCAILLIET et MOREL, sculpteurs. *Rue Notre-Dame-des-Champs,* 34.

(Voir classes 9 et 12, *métal,* et classe **2,** *industries diverses.*)

Bronzes, ivoires, fers repoussés et émaux.

324. SUSSE FRÈRES, bronzes d'art. *Place de la Bourse,* 31.

Médailles aux *Expositions universelles* de Paris, Londres, Vienne, Philadelphie.

Bronzes d'art.

325. TASSEL (Edmond), fondeur, fabricant de bronzes. *Rue Aumaire,* **25.**

Bronzes artistiques. (Voir aux annonces.)

Voir *Revue industr.*, page 39.

HUITIÈME CLASSE.

Fonte de fer (décorative).

Fontaines monumentales. — Ornements pour la construction. — Statues. — Appareils d'éclairage, de chauffage. — Grilles. — Balcons, etc. — Petits objets en fonte dure et en fonte malléable.

326. CHOUBERSKY (Charles de), ingénieur. *Rue de Clichy,* 56 *bis.*

M. B. Paris, 1878.

Appareils de chauffage de luxe.

Voir *Revue industr.*, page 28.

327. DALIFOL et Cⁱᵉ. Fonte malléable. *Quai Jemmapes,* 172.

M. O. *Exposition universelle* 1878.

328. DEMOTTE et GŒSEELS. Appareils de chauffage. *Rue de Lafayette*, 65.
Union centrale, 1872. M. A.

328 *bis*. DURENNE (Antoine), maître de forges.
Fontes d'art.
H. C.

328 *ter*. GRANDJEAN et Cie, fabricants d'appareils de chauffage. *Rue Petit*, 54, *Villette*.

328 *quater*. HARDEL et BIDET, calorifères. *Boulevard du Temple*, 11.
Méd. Bronze, 1855.

329. MOUTON-BERGUE, constructeur. *Rue de la Folie-Méricourt*, 38.
(Voir classe 9e).
Fourneaux étuves. — Calorifères avec ferrures d'art.

330. REVEILHAC (Jean), marchand de fontes. *Avenue de la République*, 3.
MM. Vienne, 1873. — *Exposition universelle* 1878, M. B.
Poêles en fonte, intérieurs de cheminées.

331. THIRIOT (L.), marchand de fonte. *Boulevard Voltaire*, 46.
Statues, vases, balcons, escalier.
Voir *Revue industr.*, page 31.

NEUVIÈME CLASSE.

Serrurerie d'art.

Grilles. — Rampes. — Lanternes. — Cages. — Supports. — Coffrets. — Serrures, et tout ce qui est du domaine du fer ou de l'acier forgé.

331 *bis.* **ANDRÉ**, serrurerie artistique. *Rue Royale, Saint-Honoré,* 15.

332. AVISSE (Henri), serrurier. *Rue des Deux-Gares,* 16.

Lits en fer et lustres.

333. BAUDRIT (Auguste), constructeur-serrurier. *Saint-Mandé* (Seine).
Expositions universelles, 1867, 1re M. — 1878, M. O. — Londres, 1861, 1re M. — Vienne, M. O. — *Union centrale,* M. A., 1863.

Serrurerie d'art.

334. BERGUE (Adolphe). Serrurerie d'art.
Union centrale, 1875. D. II. — *Exposition universelle* 1878. M. A.

Fer forgé, ciselé, repoussé, etc., etc.

335. BODARD (Emmanuel), serrurerie d'art. *Avenue de Wagram,* 35.

Lustres, lanternes, chenets, pelles et pincettes en fer forgé.

336. CHARLIER et VILLAIN (successeurs de la maison **FICHET**). *Rue de Richelieu,* 43.

Expositions universelles, 1867, 1re M. — 1878, M. O. — Vienne, 1873, M. P.

Coffres-forts et serrures et roues de loteries.

Voir *Revue industr.,* page 15.

337. DANDOIS (Ferdinand), peintre sur verre. *Rue de la Prévoyance,* 44, à Vincennes.

M. H. *Exposition universelle 1878.*

Vitraux fonte, vitraux métalliques, brevetés S. G. D. G., peinture sur verre.

337 *bis.* **DUPONT** (Émile-Denis), serrurerie. *Rue des Récollets,* 27 et 29.

338. GALLET (Louis), fabricant de coffres-forts. *Boulevard de Magenta,* 66.

Voir *Revue industr.,* page 36.

339. GAMBETTE. *Rue du Quatre-Septembre,* 2.

Fers ouvrés, fonte et forge, ferronnerie artistique.

340. HAFFNER (Pierre), fabricant de coffres-forts. *Passage Jouffroy,* 10, 12, 14.

Coffres-forts et serrureries artistiques.

Voir *Revue industr.,* page 2 de la couvert.

341. KIRK (Daniel), mécanicien. *Rue du Battoir,* 9.

Modèle de machine à vapeur.

342. LATERRIÈRE (Jean de), fabricant de meubles. *Rue Doudeauville,* 33.

M. Londres, 1862. — M. B. et M. H. *Exposition universelle,* 1867. — M. M. Vienne, 1873.

Meubles en fer et meubles en bois.

342 *bis.* **LELUBEZ** (Grégoire), serrurier d'art. *Rue des Trois-Couronnes,* 50.

342 *ter.* **MARROU** (Ferdinand), ornemaniste en métaux repoussés au marteau. A Rouen, *rue Saint-Nicolas,* 59.

Médaille d'Argent, 1878.

343. MOREAU frères (Alphonse et Henri), entrepreneurs de serrurerie. *Rue Chaudron,* 24.

344. MOUTON-BERGUE (Henri-Hippolyte), constructeur. *Rue Folie-Méricourt,* 38.

M. O. *Exposition universelle,* 1867-1878.

(Voir classe 8e).

Fourneaux, étuves, calorifères avec serrurerie d'art.

Voir *Revue industr.,* page 41.

345. PAUBLAN (Jean-Édouard). *Rue Saint-Honoré,* 366.

M. A. *Exposition universelle* 1878.

Coffres-forts et serrures.

Voir *Revue industr.*, page 17.

346. PELLETIER (Alfred), serrurier. *Rue Doudeauville,* 100.

M. A. *Exposition universelle* 1878.

Balcons, rampes, grilles, lustres, garnitures de foyer.

Voir *Revue industr.*, page 42.

347. PERRET (Claude-Henri). *Boulevard de la Villette,* 163.

Exposition universelle, 1878, M. A.

Serrurerie d'art, en forgé et en repoussé.

Voir *Revue industr.*, page 29.

348. PONTHUS (Frédéric-Claude), serrurier. *Rue Saint-Laurent,* 3.

M. H. *Exposition universelle* 1878.

Pliants articulés et serrurerie d'art.

349. SCAILLIET et MOREL, sculpteurs. *Rue Notre-Dame-des-Champs,* 34.

(Voir classes 7 et 12 Métal, et classe 2, Industries diverses.)

Bronzes, ivoires. — Fers repoussés, émaux.

DIXIÈME CLASSE.

Armes de luxe.

Armes à feu. — Armes défensives et offensives. — Armes blanches.

350. FAURÉ-LEPAGE (Émile-Henri), arquebusier. *Rue de Richelieu,* 8.

2 Prize Medals, Londres, 1851. — M. progrès, Vienne, 1873. — M. mérite, Vienne, 1873. — *Expositions universelles :* 1855 et 1867, M. A. — 1878, M. O.

Armes de luxe.

351. GASTINNE-RENETTE (Jules-François), arquebusier. *Avenue d'Antin*, 39.

Membre du Jury. H. C., Vienne 1873. — M. O., *Exposition universelle* 1878.

Armes de luxe.

352. HOULLIER-BLANCHARD, arquebusier. *Rue de Cléry*, 36 et 38.

353. LAINÉ, arquebusier. *Rue de Rivoli*, 21.

ONZIÈME CLASSE.

Plomb. — Cuivre. — Zinc. — Étain (Décoration).

Ornements fondus ou repoussés pour le décor des édifices. — Dinanderie, quincaillerie décorative. — Poterie d'étain.

354. BODSON père, hydraulicien. *Rue d'Angoulême-du-Temple*, 94.

M. O. *Exposition universelle* 1855.

Bassin en zinc avec groupe de fleurs en cuivre peintes et formant jet d'eau.

Voir *Revue industr.*, page 38.

355. CHABRIER jeune. *Rue de Maubeuge*, 63.

Entrepreneur de la Compagnie parisienne du gaz. Seul inventeur breveté de la rôtissoire à rampe sectionnée et des fourneaux à champignons mobiles.

Manufacture d'appareils de chauffage et d'éclairage par le gaz.

Voir *Revue industr.*, page 32.

356. CLERT (Constant). *Rue Drouot*, 25.

M. B., Paris, 1878.

Appareils de chauffage et d'éclairage.

Voir *Revue industr.*, page 40.

357. GAGET-GAUTHIER et **C**ᵉ. *Rue de Chazelles,* 25.

D. H., Vienne 1873.— G. P. et M. O.—*Exposition universelle* 1878.

Plomberie et cuivrerie d'art.

358. LUCOTTE (Charles-Florent), potier d'étain. *Rue des Saints-Pères,* 37.

1873, 1875, 1879, M. H., M. A., M. B.

Spécialité de soldats et de jouets en étain pour étrennes. — Sᴜsᴛᴇɴᴛᴇᴜʀ-Lᴜᴄᴏᴛᴛᴇ pour extraire le jus cuit de la viande.

Vases et vaisselle d'étain.

358 *bis.* **MESUREUR et MONDUIT**, pˡᵒ nbiers-zingueurs. *Rue d'Argenteuil,* 53.

359. PERIN-GRADOS (Félix-Louis), fabricant d'ornements repoussés. *Boulevard Richard-Lenoir,* 106.

Expositions universelles : 1855 et 1867, M. A. — 1878, M. O. — *Union centrale :* 1869, M. A. — 1874, M. O. — Vienne, 1873, M. de mérito.

Ornements d'architecture.

360. SOCIÉTÉ ANONYME DES ZINCS FRANÇAIS. *Rue du Quatre-Septembre,* 15.

(Voir classe 1ʳᵉ.)

Zinc brut et zinc façonné.

Voir *Revue industr.,* page 24.

361. TRAINARD (Félix), constructeur de chaudières. *A Vienne (Isère).*

Lyon, 1872, M. H. — Londres, 1873, M.

Théières et cafetières en cuivre.

DOUZIÈME CLASSE.

Métiers annexes.

Fonte : à cire perdue, sur nature, à bon creux. — Moulage en plâtre pour l'industrie.—Gravure : au burin, à l'acide.—Damasquiné.—Incrustations.—Ciselure : prise sur pièce, au repoussé, sur fonte.—Émaux sur métal (exposition des émaux préparés du commerce).—Émaux champlevés. — Émaux cloisonnés. — Émaux de basse taille et émaux peints.

Section A, Fonte Lehmann. — Section B, Gravure.

361 *bis*. LEHMANN frères, fondeurs. *Rue Popincourt,* 86.

362. BESANÇON (Pierre), graveur. *Rue de Bretagne,* 8.
Articles divers d'orfèvrerie et de bijouterie.
.Voir *Revue industr.*, page 41.

363. BISSINGER (G.), graveur sur camées. *Rue du Quatre-Septembre,* 31.
Salon de 1868, M. O. — Vienne, 1873, M. de progrès. — — *Union centrale,* 1876, hors concours. — *Exposition uniselle* 1878, M. O.

364. BOUVET (René-Étienne), graveur sur pierres fines. *Rue Notre-Dame de Nazareth,* 9.
Camées durs et lapidairerie.
Expositions universelles : 1867; M. H.; — 1878, M. B. — Paris, 1879, M. A.
English spoken.

365. CHAMPION (Émile), *Rue des Bons-Enfants,* 26.
Paris, 1878, M. B.
Gravure, décoration en tout genre pour horlogerie.

366. CHAUMONT (Pierre-Louis), dessinateur et graveur en taille-douce. **E. Bertrand**, coopérateur. *Rue du Petit-Pont*, 10.

Union centrale, 1861, M. H.; 1863, M. A.; 1865, R. M. A.; 1876, R. M. A., M. B. — *Expositions universelles,* 1867, M. H.; 1878, M. B.

Dessins et gravures industrielles : machines, appareils, outils, etc , etc.

366 *bis.* **DEFERNEVILLE** (Pierre-Désiré), graveur. *Rue du Moulin-de-Beurre*, 13.

Gravure en taille-douce.

367. DEMENGEOT (Charles), graveur héraldiste. *Rue de la Tour-d'Auvergne*, 48.

Exposition universelle 1878, M. A.

Dictionnaire des monogrammes et couronnes nobiliaires universelles.

368 *bis.* **GERBIER,** graveur sur métaux et médailles. Cachets héraldiques. *Rue Richelieu,* 65.

368. DEVAMBEZ (Édouard-François), graveur d'écriture. *Passage des Panoramas*, 5.

Exposition universelle, 1878, M. H. — *Union centrale,* 1876, M. H.

Planches gravées et épreuves.

369. GUYETANT (Edmond), ✻, successeur de Michelini, graveur sur pierres fines, objets d'art, portraits d'après nature. *Boulevard Montmartre,* 19.

Expositions universelles, Paris, 1855, M. A; Paris, 1867, M. A. — Vienne, 1873, M. P. — Paris, 1878, M. A.

Camées.

370. HAZEROTH (Max), graveur. *Rue de Bellefond,* 29.

371. HUOT (Paul-Gustave), graveur-ciseleur et peintre d'armoiries. *Rue Vivienne,* 40.

M. B. *Union centrale,* 1875. — M. B. *Exposition univer-selle* 1878.

Gravure, ciselure, bijoux d'art avec émaux et armoiries peintes.

372. JOUANIN (Charles-Victor), graveur, fabricant de camées.

Rue de Turbigo, 56.

Exposition universelle, 1867, M. A. — Londres, 1862, 1re M.

Camées durs et coquilles, gravure sur pierre fine.

373. LECHEVREL (Alphonse-Eugène), graveur sur pierres fines. *Place du Marché-Saint-Honoré.*

M. A. *Exposition universelle,* 1878.

Pierres gravées, empreintes de pierres gravées, peintures héraldiques, empreintes photographiques de travaux de modelage.

374. LEDUC frères (Édouard), graveurs. *Galerie Colbert,* Escalier E.

Expositions universelles 1867. M. coopérateur (M. H.). — 1878, M. B. et M. H.

Incrustations sur acier.

374 *bis.* REVERCHON, sculpteur-portraitiste sur camées. *Rue Blomet,* 126.

M. O. *Union centrale* 1874.

375. VAUDET (Auguste-Alfred), graveur sur pierres fines. *Rue de la Verrerie,* 67.

M. O. Alger, 1880.

376. PLACIDE (Zuloaga), sculpteur. Biarritz et Paris.

13 M. — D. H. à Vienne, et décoration étrangère *Exposition universelle* 1878.

Objets en fer damasquiné or et argent.

377. GOSSET (Louis), ciseleur. *Rue Beaubourg,* 12.

M. B. *Exposition universelle* 1878.

Fer et cuivre ciselés.

378. WÉRY (Jean-Charles), graveur-ciseleur. *Rue de Pouilly*, 8 (Reims).

Union centrale 1876, M. B.

Plats en cuivre repoussés et ciselés, plaques d'acier, armes repoussées et ciselées.

379. BÉDIER (François-Nicolas), émailleur. *Grande Rue*, 1 (Sèvres).

380. BÉRANGER (Edmond), artiste-peintre. *Rue de Brancas*, 34 à Sèvres (Seine-et-Oise).

Émaux de Limoges.

380 *bis*. DE COOL (Mme) (Delphine), peintre. *Rue de Rennes*, 89.

M. A. 1re c'asse, l'*Union* 1874. — Méd. Argent, 1878.

381. COURCY (Frédéric de), artiste peintre, émailleur. *Rue de l'Arrivée*, 20.

M. Salon, 1867. — M. 1re cl. et rappel.
Émaux.

382. GILLE (Edouard). *Rue d'Arcueil*, 18.
Exposition universelle 1878. M. A.
Émaux sur fonte. — Galvanoplastie. — Faïences d'art.
Voir *Revue industr.*, page 20.

383. GOBERT (Mlle Elisabeth-Marie), peintre sur émail. *Boulevard Montparnasse*, 85.
Émaux.

384. JEAN (Charles), peintre émailleur. *Rue du Cygne*, 17.

Bijouterie et pièces d'étagères émaillées, peintes et ciselées.

Exposition universelle, 1878, M. A. — *Exposition internationale*, 1879, M. V.

Objets d'art : coupes, coffrets, tableaux, flamb.-boug., porte-cartes. — Émaux d'art et d'ameublement. Tous objets d'étagères. — Réparation d'émaux anciens et modernes.

385. LOT (Ferdinand), émailleur. *Limoges.*
M. A. *Exposition universelle* 1878.
Émaux sur cuivre, panneaux, plaques, plateaux.

386. NUGENT (Mlle Marie de). Artiste peintre émailleur. *Rue de Chabrol, 18, et 5, rue François-Henry aux Prés-Saint-Gervais.*
Exposition universelle, 1878. **M. H.** — *Union centrale*, 1876, **M. H.**
Émaux.

387. POTTIER (Alfred), émailleur. *Rue Turenne, 50.*
Émaux d'art.

388. PUISOYE (Mlle Marie), peintre. *Rue Corneille, 3.*
Exposition universelle 1878. **M. B.**
Émaux.

389. SIÉFFERT (Louis-Eugène), peintre, *Rue Oberkampf, 18.*
M. H. Salon 1861. — 1re M., Vienne 1873. — M. 1re classe ; *Union centrale*, 1874.
Émaux limousins.

390. SOYER (Paul), peintre émailleur. *Rue Saint-Sauveur, 4.*
Expositions universelles : 1867, **M. B.** ; 1878, **M. O.** — Philadelphie, **M. O.** — *Union centrale*, 1874, **M. A** ; 1876, **R. M. A.**
Émaux d'art.

391. VERNIER (Émile-Séraphin), ciseleur. *Rue Guilleminot, 6.*
Panneau ciselé.

TREIZIÈME CLASSE.

Publications modernes relatives au travail des métaux.

Livres. — Catalogues. — Histoire de l'industrie. — Science. — Critique. — Dessins. — Gravures. —Lithographies.—Photographies, etc., etc.

392. ARMENGAUD (Eugène), ingénieur. *Rue Saint-Sébastien, 45.*
Londres, 1851, M. 1re cl. — *Expositions universelles :* 1855, M. 1re classe. — 1878, M. O.
Ouvrages relatifs aux machines à métaux et autres.
Voir *Revue industr.*, page 10.

393. BERTHAUD, phothographe. *Rue Cadet, 9.*
M. A. *Exposition universelle 1878.*

394. DELAGRAVE (Charles), imprimeur-éditeur. *Rue Soufflot, 15.*

395. DUCHER et Cie, libraires-éditeurs. *Rue des Écoles, 51.*
Expositions universelles : 1855, 1re M. — 1867, M. A. — 1878, M. O. — *Union centrale :* 1874, M. B. — 1876, M. A. — M. de mérite, Vienne.
Voir *Revue industr.*, pages 2, 3, 4.

396. KORSAK (de) (Albert), dessinateur industriel. *Rue du Terrage, 11.*
Autographies d'œuvres en métal.

397. Vve MOREL et Cie, imprimeurs-éditeurs. *Rue Bonaparte, 13.*
Voir *Revue industr.*, page 7.

398. ROTHSCHILD (J.), éditeur. *Rue des Saints-Pères, 13.*

M. Philadelphie, Vienne, etc. — *Exposition universelle,*
1878, 5 M. O., A., et B. et ✳.
Ouvrages divers.

399. FIRMIN-DIDOT (Alfred) ✳, imprimeur-éditeur. *Rue Jacob,* 56.

400. A. QUANTIN et Cie (ancienne maison
JULES CLAYE), imprimeurs-éditeurs. *Rue St-Benoît,* 7.

Paris, 1849. — Médaille d'Argent.
Londres, 1851. — Prize Medal.
Paris, 1855. — Médaille d'Honneur.
Paris, 1867. — Médaille d'Or.
Vienne, 1873. — Médaille de Progrès.
Paris, 1878. — Rappel de Médaille d'Or.

OUVRAGES D'ART

Voir le Catalogue de la Maison, distribué avec le présent Catalogue.

REVUE DES ARTS DÉCORATIFS

406. RAULIN (Gustave-Laurent), architecte, président
de l'Intime Club. *Rue de Bellechasse,* 33.

M. B. *Exposition universelle,* 1878. — M. O. *Union centrale,* 1869.
Autographie pour l'Intime club.

407. TURGAN. Les grandes usines, *rue du Colysée,* 2.
Paris.

Calmann-Lévy, éditeur, rue Auber, 3.
Voir *Revue industr.,* page 44.

TABLE DES MATIÈRES

OUVRAGES DIVERS

L'ARCHITECTURE PRIVÉE AU XIXᵉ SIÈCLE, par M. César Daly.

> 1ʳᵉ Série : Plans, Ensembles, Détails. — 3 vol. — Prix : 240 fr.

> 2ᵉ Série : Décorations intérieures et extérieures. — 3 vol. — Prix : 240 fr.

> 3ᵉ Série : Décorations intérieures peintes. — 110 pl. en couleurs. — Prix : 350 fr.

MOTIFS HISTORIQUES D'ARCHITECTURE ET DE SCULPTURE D'ORNEMENT, par M. César Daly.

> 1ʳᵉ Série : Détails extérieurs. — 2 vol., 198 pl. — Prix : 300 francs.

> 2ᵉ Série : Décorations intérieures. — 2 vol., 200 pl. — Prix : 300 francs.

L'ARCHITECTURE FUNÉRAIRE, par M. César Daly. — 1 vol., 120 pl. — Prix : 150 francs.

TOMBEAUX MODERNES (*Extrait de l'Architecture funéraire.*). — 1 vol., 60 pl. — Prix : 75 francs.

LES THÉATRES DU CHATELET, par MM. César Daly et Davioud. — 1 vol. 64 pl. — Prix : en carton, 125 francs.

LE NOUVEL OPÉRA DE PARIS, par M. Charles Garnier, de l'Institut.

> 1ʳᵉ *partie* : PLANCHES GRAVÉES ET TEXTE.

2 vol. de texte. — 2 vol. grand in-fol. de planches gravées ou en chromolithographie. — Prix : 350 francs.
Les deux volumes de texte se vendent séparément. — Prix : 20 francs.

> 2ᵉ *partie* : PHOTOGRAPHIES. — 4 albums grand in-fol.

1° Sculpture ornementale. — 45 pl. — Prix : 125 fr.
2° Statues décoratives. — 35 planches. — Prix : 90 fr.
3° Peintures décoratives. — 20 pl. — Prix : 70 fr.
4° Bronzes. — 15 pl. — Prix : 50 fr.

On peut se procurer séparément la FAÇADE PRINCIPALE de l'Opéra, tirée sur chine, au prix de 12 fr. ; et le PORTRAIT, également sur chine, de CHARLES GARNIER. — Prix : 10 fr.

L'ORNEMENT DES TISSUS, par M. Dupont-Auberville. — 1 vol. in-fol. — 100 pl. en couleurs, or et argent. — 2,000 motifs divers. — Prix : en carton, 150 fr.

ALBUM DE DÉCORATIONS. — I. Antiquité ; Époque romane ; Moyen âge. — II. Renaissance. — III. XVIIᵉ et XVIIIᵉ siècles. — Les 3 séries ensemble, 130 fr. — *Les 3 séries se vendent séparément.*

LE MOBILIER DE LA COURONNE ET DES GRANDES COLLECTIONS, par R. Pfnor, architecte. — 3 vol. in-fol. — Chacun 40 pl. gravées et 10 grandes feuilles d'exécut. — Prix : en carton, 60 fr. le vol.

L'AMEUBLEMENT MODERNE, par MM. Prignot, Liénard, etc. — 2 vol. in-fol. — 120 pl. en lithographie et 24 grandes feuilles. — Prix : 120 fr.

GRAMMAIRE ÉLÉMENTAIRE DU DESSIN, par M. L. Cernesson, architecte. — 1ʳᵉ *partie* : DESSIN LINÉAIRE. — 1 vol. grand in-4°. — 30 pl. gravées. — Texte explicatif, illustré de nombreux dessins. — Prix : 20 fr.

ALBUM DU PEINTRE EN BATIMENT, par MM. GLAIZE et BERTHELON. — 2 vol. in-fol. — 60 pl. en couleurs. — Texte explicatif. — Prix : 125 fr.

MEUBLES ET OBJETS D'ART (collection Moreau). — 1 vol. grand in-fol. — 57 belles photographies. — Prix : en carton, 300 fr.

COLLECTION SAUVAGEOT, du Musée du Louvre. — 1 vol. grand in-fol. — 120 pl. et texte. — Prix : 180 fr.

L'ARCHITECTURE ANTIQUE. — 50 belles photographies. Prix : 150 fr.

LA FLORE ORNEMENTALE, par RUPRICH-ROBERT, architecte. — 1 vol. in-fol., 150 pl. — Texte explicatif. — Prix : 125 fr.

RECUEIL DE SIÈGES ANCIENS ET MODERNES. — 1 vol. in-4°. — 97 pl. — 186 modèles divers. — Prix : en carton, 40 fr.

CHARPENTES EN BOIS, par M. LOYAU. — Atlas de 120 pl. — Prix : 25 fr.

CARTE PRÉHISTORIQUE DE LA SEINE INFÉRIEURE. — Tirée en couleurs. — Texte explicatif. — Prix : 3 fr.

Les châteaux historiques. — ANET, par R. PFNOR. — 1 vol. in-fol. — 60 pl. et texte. — Prix : 150 fr.

    BLOIS. — Extérieur et intérieur. — Décorations peintes. — 1 vol. in-fol. 60 pl. (photographies et chromolithographies) et texte. — Prix : 180 fr.

    FONTAINEBLEAU. — Extérieur et intérieur. — 1 vol. grand in-fol. — 30 belles photographies et texte. — Prix : 125 fr.

    FONTAINEBLEAU. — Architecture et décoration des époques Louis XIV, Louis XV et Louis XVI. — Publié en 40 livraisons. — Prix de la livraison : 5 fr.

    PIERREFONDS, après la restauration de Viollet-le-Duc. — 12 belles photographies, grand in-fol. — Prix : en carton, 50 fr.

    CHAMBORD. — 12 belles photographies. — Prix : en carton, 50 fr.

    COULANGES-LES-ROYAUX. — Cartouches et Caissons de la Renaissance. — Album de 24 pl. à l'eau-forte. — Prix : 20 fr.

HISTOIRE GÉNÉRALE DE L'ARCHITECTURE, par DANIEL RAMÉE. — 2 forts vol., plus de 1,200 pages avec de nombreux bois. — Prix : 30 fr.

MONOGRAPHIE DE NOTRE-DAME DE BROU, par L. DUPASQUIER. — 1 vol. grand in-fol. — 30 pl., dont 12 en couleurs. — Prix : 150 fr.

L'ART DE BATIR CHEZ LES ROMAINS, par M. A. CHOISY. — 1 vol., 27 pl., dont 3 doubles et un texte illustré. — Prix : 60 fr.

L'ARCHITECTURE TOSCANE. — 1 vol. — 124 planches. — Prix : 70 fr.

MOTIFS D'ARCHITECTURE RUSSE. — 60 pl. en couleurs. — Prix : 100 fr.

MAISONS DE BERLIN. — **MAISONS D'ALLEMAGNE.** — **ARCHITECTURE MODERNE DE VIENNE.**

ANTIQUITÉ ET RENAISSANCE ITALIENNE. — 1 vol. in-fol. — 60 belles photographies. — Prix : 125 fr.

NOTRE-DAME DE LA ROCHE. — 140 pl. et texte. — Prix : 50 fr.

MONUMENTS ANCIENS ET MODERNES, par J. GAILLABAUD. — 4 vol. — 400 pl. — Prix : 300 fr.

DICTIONNAIRE RAISONNÉ D'ARCHITECTURE et des sciences et arts qui s'y rattachent, par ERNEST BOSC, architecte. — 4 vol. — 4,000 bois. — 60 gravures. — 40 chromos. — Prix : les 4 vol. brochés, 120 fr.

LA BRIQUE ORDINAIRE AU POINT DE VUE DÉCORATIF. — 1 vol. de 75 pl. en couleurs, accompagnées d'un texte avec de nombreuses figures. — Prix : 125 fr.

LE MAGASIN DES ARTS ET DE L'INDUSTRIE. — 8 vol., plus de 5,000 motifs des plus variés. — Prix : cartonné, 125 fr.

MANUEL DES LOIS DU BATIMENT, par la SOCIÉTÉ CENTRALE DES ARCHITECTES. — 5 forts volumes. — Prix : broché, 40 fr.

TRAITÉ DES RÉPARATIONS LOCATIVES, par A. LE BÈGUE, architecte. — 1 vol. grand in-8°. — Prix : 5 fr.

THÉATRE DU VAUDEVILLE, par M. A. MAGNE. — 1 vol. — 30 pl. — Prix : 60 fr.

ÉGLISE DE LA TRINITÉ, par M. BALLU. — 1 vol. — 20 pl. — Prix : 30 fr.

ÉGLISE SAINT-AMBROISE, par M. BALLU. — 1 vol. — 25 pl. — Prix : 50 fr.

LES HALLES CENTRALES DE PARIS, par M. BALTARD. — 1 vol. avec un supplément, 40 pl. — Prix : 80 fr.

MOTIFS D'ORNEMENTS, pour roses, rosaces, médaillons, etc. — 1 vol. grand in-8°. — 50 pl. gravées. — 200 motifs. — Prix : 40 fr.

LES TAPISSERIES DÉCORATIVES DU GARDE-MEUBLE. — Prix : 200 fr.

MOBILIER D'ÉGLISES. — I. Ouvrages en pierre et en marbre. — II. Ouvrages en bois. — Les deux séries, chacune 65 pl. — Prix : 50 fr. la série.

GRAMMAIRE DE L'ORNEMENT, par OWEN-JONES. — 1 vol. de texte. — 112 pl. en couleurs. — Prix : 200 fr.

MÉLANGES D'ORNEMENTS, par M. E. CLERGET. — 1 vol., 72 pl. en couleurs. — Prix : 50 fr.

ALBUM DE L'ORNEMENTATION PRATIQUE. — 2 vol. — 110 photographies. — Prix : 150 fr.

DÉCORS INTÉRIEURS POUR ÉDIFICES PUBLICS ET PRIVÉS, par M. PRIGNOT. — 60 photographies. — Prix : 150 fr.

TRAITÉ DES PARATONNERRES. — 1 vol. — Prix : 7 fr. 50.

L'ART DE LA MENUISERIE, par ROUBO. — 1 vol. de texte. — Album de 108 planches. — Prix : 30 fr.

MOTIFS DE CHEMINÉES, par M. PRIGNOT. — 1 vol. — Prix : 50 fr.

SPÉCIMENS DE DÉCORATION ET D'ORNEMENTATION AU XIX° SIÈCLE. — 125 pl. — Prix : 125 fr.

MEUBLES DE TOUS LES STYLES, par M. PÉQUÉGNOT. — 250 pl. — Prix : 140 fr.

Le catalogue est envoyé franco sur toute demande.

BRONZE, MEUBLES, SCULPTURE SUR BOIS

A. BEURDELEY FILS

32 et 34, rue Louis-le-Grand, Paris

PAVILLON DE HANOVRE

ATELIERS : 24, RUE DAUTANCOURT

Médaille d'or 1867. — Médaille d'or 1878.

REPRODUCTIONS :

Cheminée Louis XVI, marbre blanc, ornée de bronzes dorés au mat.
Bras Louis XVI à deux lumières dorés au mat.
Baromètre-pendule, bronze doré au mat avec plaque Wedgwod.
Bureau Louis XVI, marqueterie de bois, orné de bronzes dorés au mat.
Commode en marqueterie de bois avec bronzes dorés à l'or moulu.
Table en marqueterie de bois, riche dessus, sujet : deux Muses. Riches
bronzes dorés à l'or moulu.
Riche lanterne Louis XVI.
Bras formés par des cors de chasse, style Louis XVI.
Table ébène et bronzes dorés au mat, Louis XVI, riche dessus en laque
du Japon.
Grand régulateur Louis XVI, riches bronzes dorés au mat.
Meubles Louis XVI avec plaques en biscuit de Sèvres, ébène, panneaux
acajou moucheté.
Garniture Louis XVI, bronzes dorés au mat.
Vitrine ébène à hauteur d'appui, style Louis XVI.
Meuble d'entre-deux en ébène avec panneaux de laque, style Louis XVI.

CRÉATIONS :

Table style Louis XVI, en bois de poirier.
Petit bonheur du jour Louis XVI, panneaux de laque, bronzes dorés au
mat.
Bras Louis XVI, carquois et branches de chêne, bronzes dorés au mat.
Bras Louis XVI, torche et serpents formant les branches, bronzes dorés
au mat.
Petit bonheur du jour en marqueterie de bois (citronnier et houx teint).

BOIS SCULPTÉ : Baromètre Louis XVI, bois de poirier.
Ameublement Louis XVI, bois doré (écran, fauteuil, chaises).
Canapé et fauteuil Louis XVI, bois sculpté.
Chaise au chiffre de la reine Marie-Antoinette.
Petit marchepied Louis XVI.

ÉCOLE PROFESSIONNELLE
DE L'ANCIEN HOTEL SULLY

PARIS, 143, rue Saint-Antoine, PARIS.

FAISANT PARTIE DE L'ŒUVRE GÉNÉRALE DES ÉCOLES
PROFESSIONNELLES CATHOLIQUES DE JEUNES FILLES
(COMITÉ DAVILLIER)
PLACÉES SOUS LE PATRONNAGE
DE SON ÉM. LE CARDINAL ARCHEVÊQUE DE PARIS

Cette œuvre, spécialement destinée aux jeunes filles qui veulent embrasser les diverses carrières de l'Instruction, de l'Industrie et du Commerce, a pour but :

1º De leur assurer, dans le plus bref délai, une profession convenable, rémunératrice et pouvant s'exercer à la maison.

2º De compléter leur instruction classique et chrétienne en les préparant aux examens de l'hôtel de ville.

En un mot, de remplacer l'apprentissage souvent insuffisant et dangereux des ateliers ordinaires par une éducation professionnelle complète et chrétienne.

DÉTAIL DES COURS
DE L'ÉCOLE PROFESSIONNELLE DE SULLY

DESSIN	COMMERCE
PEINTURE A L'HUILE	FRANÇAIS — ANGLAIS
PEINTURE SUR SOIE, ÉVENTAILS	HISTOIRE — LITTÉRATURE
PEINTURE SUR PORCELAINE	GÉOGRAPHIE
COUTURE	PHYSIQUE
FLEURS D'APRÈS NATURE	HISTOIRE NATURELLE

Médailles et Diplôme d'Honneur, Vienne, 1873

MÉDAILLE D'OR, 1878, PARIS

GIRAUDON O. ✳ C. ✠

FABRICANT BREVETÉ

Fournisseur de LL. MM. le roi d'Espagne, Alphonse XII,
le roi de Portugal, de l'empereur du Brésil, la reine des Belges, etc, etc.

1, Rue du Hasard-Richelieu, à Paris

EN FACE LA FONTAINE MOLIÈRE

OBJETS DE LUXE EN PEAU DE REQUIN DE CHINE ET GALUCHAT

PORTE-MONNAIE, PORTE-CARTES, TOUS ARTICLES DE FUMEURS ET DE PAPETERIE,
ALBUMS, BUVARDS, ETC., BRACELETS, BAGUES, MÉDAILLONS, BROCHES,
TOUS CES OBJETS, MONTÉS ET GARNIS OR ET ARGENT.

MEUBLES D'ART EN PEAU DE REQUIN DE CHINE

MAROQUINERIE RICHE

PORTE-FEUILLES, PORTE-CARTES, PORTE-CIGARES, ETC.
BUVARDS-ALBUMS, SACS DE VOYAGE, NÉCESSAIRES, TROUSSES

GAINERIE

ÉCRINS, BOITES A BIJOUX, SOCLES ET GAINES POUR OBJETS D'ART

Encadrements en tous genres pour photographies et miniatures

GRAVURE ET CISELURE

CHIFFRES ET ARMOIRIES. TOUTES PIÈCES SUR COMMANDE

6 Diplômes d'Honneur, 12 Médailles d'Or, 6 Médailles d'Argent, 4 Médailles de Bronze

MÉDAILLE D'ARGENT

EXPOSITION UNIVERSELLE PARIS 1878

NOTA : Ces meubles *en peau de Requin de Chine*, d'une nuance toute
exceptionnelle et ornés d'incrustations en métal inoxydable, sont le dernier
mot de la nouveauté, de l'élégance et du confort dans l'ameublement riche.
Une visite dans les magasins de M. Giraudon, où sont exposés ces meubles
et les spécimens de toute sa fabrication, sera certainement, pour les amateurs du beau, le passe temps le plus agréable et le plus intéressant.

9

COFFRES-FORTS CONTRE LE FEU

SERRURES DE SURETÉ

POUR PORTES DE MAISONS, APPARTEMENTS, MEUBLES, ETC.

ROUES A PLUSIEURS SURETÉS

POUR LE TIRAGE DES LOTERIES, DES EMPRUNTS, ETC.

MAISON **FICHET** BREVETÉE

CHARLIER ET VILLAIN, Successeurs

43, rue Richelieu, 43, Paris

MÉDAILLES ET DIPLOMES D'HONNEUR

MÉDAILLE D'OR EXPOSITION UNIVERSELLE DE 1878

SUCCURSALES

LYON
PLACE DE LA BOURSE, 2

MARSEILLE
ALLÉES MEILHAN, 19

FABRIQUE

RUE GUYOT, 26, — PARIS-BATIGNOLLES

FONDERIE GÉNÉRALE DE GRENELLE

SOCIÉTÉ ANONYME AU CAPITAL DE 500,000 FRANCS

Siège Social : 56, Rue de Lourmel
PARIS-GRENELLE

FONDERIE DE FER ET DE BRONZE

BRONZE FRANÇAIS

MÉTAL MASSIF BLANC INOXYDABLE

SERRURERIE — SELLERIE — CARROSSERIE

ROBINETTERIE — QUINCAILLERIE DE BATIMENTS

CHAINES — PLANCHER — FILS

RÉCOMPENSES

Médaille d'Or : Paris 1875

Médaille Vermeil : Paris 1879. — Médaille Argent : Paris 1879

Médaille Bronze : Exposition Universelle Paris 1878

COFFRES FORTS

Serrure spéciale, à leviers decomposés, brevetée s. g. d. g.

COMBINAISON, USAGE FACILE, GRANDE SURETÉ

SERRURE SPÉCIALE BRÉVÉTÉE S.G.D.G. POUR PORTE D'ENTRÉE

Petites clefs, aucune ordure ne pouvant s'y introduire

Serrures brevetées spéciales pour meubles

RESSORTS INCASSABLES

E. PAUBLAN

SUCCESSEUR DE SON PÈRE

366, rue Saint-Honoré, 366. PARIS

DUPONT

Diplôme d'honneur : Exposition internationale, Paris 1875. — *Médaille de première classe :* Exposition internationale d'hygiène, Bruxelles, 1876. — *Médaille d'argent :* Exposition universelle, 1878. — *Médaille d'or :* Paris, 1879.

Rue Hautefeuille, 10, au coin de la rue Serpente
(Près de l'École de Médecine)

LITS ET FAUTEUILS MÉCANIQUES
POUR MALADES ET BLESSÉS

Fauteuil à explorations.

Plates-formes à explorations
pour cliniques et hospices.

Appareil s'adaptant à tous les lits.

Portoirs de différents systèmes.

Chaise à roues.

A roues mains courantes, avec porte-pieds à 2 articulations.

Automoteur

VOITURES DE MALADES, BÉQUILLES, ETC.

MANUFACTURE DE FAIENCES D'ART

E. GILLE

22, rue d'Arcueil (près le parc Montsouris — dans Paris)

CHOIX IMMENSE DE VASES

POTICHES

JARDINIÈRES — COFFRETS — CACHE-POTS

ARTICLES POUR LAMPES ET POUR MONTEURS EN BRONZE

VASQUES MONUMENTALES

PEINTURE PAR EMPATEMENT DITE **BARBOTINE**

Toutes ces pièces, en faïence **ingerçable**, de formes aussi variées qu'élégantes et d'une fraîcheur de coloris remarquable, sont exécutées par des artistes peintres et sculpteurs d'un talent reconnu, dont l'habile collaboration met la maison GILLE en mesure de défier toute concurrence tant au point de vue artistique qu'à celui du bon marché.

SUCCÈS DU JOUR

FLEURS MODELÉES EN RELIEF

SOCIÉTÉ FRANÇAISE
D'INOXYDATION ET DE PLATINAGE

(ANONYME)

SIÈGE SOCIAL
76, rue Neuve-des-Petits-Champs. — Paris

USINE
Rues Émériau et Rouelle (Paris-Grenelle)

INOXYDATION

DÉCORATION ET ORNEMENTATION DES MÉTAUX

INOXYDATION MATE ET BRILLANTE

PLATINAGE

DORURE MATE ET BRILLANTE

PROCÉDÉS NOUVEAUX
Brevetés en France et à l'Étranger

Par suite de ses traités avec la Société anonyme des Hauts Fourneaux et Fonderies du Val-d'Osne, la **Société française d'Inoxydation et de Platinage** est en mesure de livrer toutes les fontes d'art et d'ornementation, traitées par des procédés d'inoxydation de dorure ou de platinage.

Elle entreprend, sur commande, la fabrication de nouveaux modèles.

EUG. LADREYT

STATUAIRE HUMORISTIQUE

292, Boulevard Voltaire, 292. — Paris

TERRES CUITES POLYCHROMES INALTÉRABLES

INNOVATEUR DE CE GENRE

ORIGINAUX — MOULAGES — FIGURINES — GROUPES

TYPES ET COSTUMES AU GRÉ DE L'AMATEUR

Il suffit de signaler quelques-unes des pièces exposées par M. Ladreyt « **La voiture aux chèvres des Champs-Elysées** » « **La promenade sentimentale de Dumanet** », « **Pierrot père nourricier, etc, etc.** » pour prouver que toutes ses œuvres sont marquées au coin de l'originalité et de l'observation ; qu'il mérite à tous égards les récompenses nombreuses qu'il a obtenues et les éloges flatteurs que lui a décernés la presse entière dans toutes les expositions où il a figuré

EXPOSITION 1878	EXPOSITION 1879
MENTION HONORABLE	MÉDAILLE D'ARGENT

GRAND AINÉ

SPÉCIALITÉ DE TOILETTES-LAVABOS

RICHES ET ORDINAIRES, AVEC ET SANS RÉSERVOIRS

TOILETTES SIMPLES DEPUIS 30 francs

Robinetterie perfectionnée, plomberie et installation de ces toilettes

COMPTOIRS POUR BOULANGERS ET CHARCUTIERS
REVÊTEMENTS, CARRELAGES

Paris. — 67, rue Crozatier. — Paris

Fabrique et Magasin de Meubles en tous genres

Spécialité de Buffets, Étagères et Dressoirs

NOUVELLES TABLES PLIANTES DITES PORTEFEUILLE
Brevetées S. G. D. G.

MENT. HONORABLE
Exp. univlle. 1878.

J. GUY

MÉD. DE BRONZE
Paris 1875 et 1879.

ATELIERS ET MAGASINS
Faubourg Saint-Antoine, 21, et rue de la Roquette, 2

GLACES & MIROITERIE EN GROS

BAULARD

4, rue des Archives, 4

PARIS

Mention honorable, Exposition universelle de 1878
Médaille d'or, Beauvais 1879

Médaille de vermeil, Paris 1879
Exposition des sciences appliquées à l'Industrie

MIROIRS FANTAISIE
Galvano, Vieil Argent, Nickel, Petit Bronze

MIROIRS VENISE
Glaces riches de tous styles

Marque
de Fabrique

ORNEMENTATION
DORURE ET MÉTALLISATION
sur bois.

Marque
de Fabrique

CADRES

VELOURS, CUIR ET BRONZE POUR PHOTOGRAPHIES

FABRIQUE SPÉCIALE
de cadres et albums pour cartes émaillées

MAISON FONDEE
en
1830

HALBOISTER
BREVETÉ
5, RUE DES VIEILLES-HAUDRIETTES
Quartier des Archives

MÉD. EXP. UNIVERS. 1878
et
Méd. arg. Paris 1879

ÉCRINS RICHES

PARIS

GAINERIE FINE

CH. GIMÈRE

TAPISSIER-ÉBÉNISTE
BREVETÉ S. G. D. G.

DIVAN-LIT
SYSTÈME GIMÈRE
Exposition universelle internationale de 1878.

SEUL SYSTÈME SANS MÉCANIQUE
34, r. de Penthièvre (Faub. St-Honoré)
PARIS

FABRIQUE
ET
RESTAURATION
DE
MEUBLES.

DÉCORATION
AMEUBLEMENTS
LOCATION
POUR SOIRÉES.

DIPLOME DE MÉRITE, — VIENNE, 1873

G.-R. DINÉE

FABRICANT DE BRONZES D'ART

MÉDAILLE DE BRONZE, EXPOSITION UNIVERSELLE, PARIS, 1878

MÉDAILLE DE 1e CLASSE EN 1874 ♦ **MÉDAILLE DE BRONZE EN 1876**
(dessin) ♀ (bronze)

Garnitures de Bureaux, Encriers, Presse-Papiers
Flambeaux, Bougeoirs, Objets de fantaisie, etc.

21, rue de MALTE (près la rue de Crussol)
PARIS.

FABRIQUE SPÉCIALE D'AMEUBLEMENTS
EN CHÊNE SCULPTÉ, NOYER ET BOIS NOIR, DE TOUS STYLES

CH. LOUAULT
56, RUE DE LA ROQUETTE, PARIS

Diplôme d'honneur, 1873.
Mention honor., Union centrale, 1876. — Médaille de bronze, Paris, 1879.
Médaille de bronze, Exposition universelle, Paris, 1878.

Commission. — Exportation.

FABRIQUE DE CHAISES LÉGÈRES
dorées, décorées, vernies, noires et mates
SPÉCIALITÉ D'OBJETS DE FANTAISIE

Méd. bronze
Expos. univ. Paris, 1878.

GENY PÈRE ET FILS

Méd. bronze
Exp. Paris, 1879

56, rue de la Roquette, 56, Paris.

LAQUE ET DORURE AU FOUR
LAQUE DE TOUTES NUANCES ET A FAÇON
SIÈGES RICHES ET SIÈGES DE FANTAISIE.

FABRIQUE ET MAGASINS DE MEUBLES
EN TOUT GENRE

SCHAAL

99, rue du Faubourg-Saint-Antoine, Paris
15, COUR DU BRAS-D'OR

PRINCIPALES PIÈCES EXPOSÉES

Ameublement de chambre à coucher en palissandre.

Salle à manger en noyer.

Bibliothèque en bois noir.

Tables, Guéridons, etc., etc.

Fabrication supérieure. — Prix modérés.

Em. TERQUEM, 15, boulevard Saint-Martin, Paris.
NOUVEAUTÉS AMÉRICAINES
BREVETÉES S. G. D. G.

Adoptées pour l'usage pratique des Libraires, Bibliothécaires et Amateurs :

L'APPUI-LIVRES MOBILE, destiné au rangement des volumes dans une bibliothèque et à tenir les volumes en étagère sur une table ou un bureau.

LA RELIURE MOBILE préserve les périodiques, papiers d'affaires, etc., de tout contact extérieur.

LE SCRAP-BOOK, au moyen de ses feuilles gommées à l'avance, conserve instantanément les coupures de journaux, vignettes, etc.

LA BIBLIOTHÈQUE TOURNANTE (14 modèles), très-ingénieuse invention s'appliquant à tous les besoins journaliers, tant pour contenir les ouvrages à consulter que pour l'homme d'affaires dans son cabinet.

(Envoi du catalogue descriptif sur demande.)

AMEUBLEMENTS

MEUBLES, ÉBÈNE ET IVOIRE

MARQUETERIE EN BOIS NATUREL

SCULPTURE
et
MENUISERIE D'ART

HUNSINGER et WAGNER

MEUBLES
style
RENAISSANCE

Ateliers et Magasins

RUE SEDAINE, 13, PARIS

Méd. bronze, PARIS, 1865-1867; HAVRE, 1868. — Méd. argent, PARIS, 1869-1871. — Méd. mérite, VIENNE, 1873. — Méd. bronze, LONDRES, 1874. — Méd. argent, PARIS, 1875. — Méd. argent, Exp. univ., PARIS, 1878. — Méd. vermeil, PARIS, 1879.

Depuis plusieurs années, MM. HUNSINGER et WAGNER, s'inspirant du confort des meubles anglais, ont su donner à leurs modèles cette élégance pratique, ce luxe riche et de bon goût, cette solidité qui distingue la fabrication de nos voisins d'outre-Manche. Ils se sont créé, dans ce genre, une véritable spécialité, et les nombreux spécimens de meubles, de salons, de salles à manger, de boudoirs, etc., toujours exposés dans leurs magasins, témoignent d'une fabrication sérieuse et raisonnée.

POÊLE MOBILE

MAGASIN
6, place de l'Opéra

FABRIQUE
56bis, rue de Clichy

Ce poêle fonctionne devant toute cheminée sans aucune installation; muni de roues, il peut, tout allumé, être déplacé d'une pièce dans une autre. Il brûle sans s'éteindre pendant plusieurs mois.

CONSULTER AU MAGASIN

6, PLACE DE L'OPÉRA, 6

La liste des 14,014 acheteurs parisiens pendant l'hiver 1879-1880

PRIX DU MODÈLE UNIQUE : 100 fr.

RICHE, fab^t breveté, 71, rue de Rambuteau, PARIS

Prix de vente : 4, 5, 6, 7, 8, 10, 14 et 25 francs.

Le cliché ci-dessus représente en demi-grandeur celui dont le prix est de   francs.

Le journal LE TECHNOLOGISTE, *archives des progrès de l'industrie française et étrangère (15 Novembre 1879 — 39e Année), lui consacre un article raisonné, et le termine ainsi . . . . « Ayant examiné et fait fonctionner ce manche à gigot dont la combinaison simple constitue une utile invention, nous croyons pouvoir lui prédire qu'il remplacera, dans un temps peu éloigné, tous les manches à gigot répandus à profusion dans le commerce, lesquels sont tous établis sur le même principe, avec une vis de côté, dont chacun a pu, ainsi que nous l'avons dit en commençant, apprécier les inconvénients. »*

MANUFACTURE DE PIANOS

COMMISSION — **H. KLEIN** EXPORTATION —

PARIS, 138, rue Oberkampf, 138, PARIS

(Passage Ménilmontant, 19)

PIANOS DE TOUS FORMATS

SPÉCIALITÉ DE BARRAGES EN FER

Pour pianos droits ou obliques.

Tous les modèles sont faits en palissandre, ébène, bois de rose, etc, avec incrustations diverses, gravures or ou argent, caisses à filets simples ou doubles.

Tous les pianos sont expédiés, avec garantie contre tout défaut de fabrication; ils peuvent être démontés et livrés en plusieurs parties.

BRONZES D'ART ET D'AMEUBLEMENT DE TOUS STYLES

4 MÉDAILLES DE BRONZE, 2 D'ARGENT

Récompense à l'Union Centrale des Beaux-Arts, 1876.

BERNOUX

BREVETÉ S. G. D. G.

MAGASINS : 2, rue des Filles-du-Calvaire.
FABRIQUE : 4, rue Froissard.

PARIS

FONTES D'ART ET D'ORNEMENT

L. THIRIOT

46, boulevard Voltaire, 46.

BALCONS — RAMPES — VASES — COUPES — FONTAINES
CANDÉLABRES — CONSOLES A GAZ — STATUES

Escaliers tournants, en fonte, de tous diamètres.

A.-E. ELIAERS

188, BOULEVARD VOLTAIRE, 188.

PARIS

FABRICANT BREVETÉ S. G. D. G.

**Pour fauteuils de repos et d'études,
à roues mobiles pour malades.**

FAUTEUILS SPÉCULUM POUR DOCTEURS, DENTISTES, BARBIERS, etc.

Chaises et fauteuils pliants, dits Orientaux, dans les formes les plus gracieuses et élégantes, très confortables et tous genres de sièges à mouvements, tables pliantes pour jeux avec quatre pieds.

BIJOUTERIE, ORFÈVRERIE, VANNERIE ARTISTIQUE

MERLE

Paris, rue Beaurepaire, 26, Paris

ANCIENNE RUE MAGNAN

Bracelets, parures et demi-parures en filigranes
Spécialité de serpents-bracelets et colliers
en tresses or et argent

CORBEILLES, PANIERS, JARDINIÈRES, PETITS BRONZES, ETC.

FABRIQUE DE PLATEAUX EN CUIR BOUILLI LAQUÉ

BOITES A GANTS, A MOUCHOIRS, A BIJOUX, ÉCRANS ET FANTAISIES NACRÉES

SPÉCIALITÉ DE DORURE A L'OR DE FEUILLES

PARIS   PARIS

COMMISSION   EXPORTATION

MÉDAILLE D'ARGENT, EXPOSITION DE PARIS 1879, SCIENCES APPLIQUÉES A L'INDUSTRIE

ALEXANDRE ESTEUF

55, RUE AUMAIRE

PARIS

ATELIER SPÉCIAL DE DORURE ET ARGENTURE, 18, r. Pierre-Levée

FABRIQUE DE MEUBLES DE LUXE, MARQUETERIE ET BRONZES

Ancienne Maison CREMER

THOMAS, Successeur

Rue Commines, impasse Froissard, 7, Paris

CI-DEVANT RUE TURENNE, 80

Douze médailles or, argent et bronze

COFFRES-FORTS TOUT EN FER
Fabrication nouvelle, brevetée s. g. d. g.

COFFRETS
A
BIJOUX

GALLET
66, Boulevard Magenta, 66 (près la gare de l'Est)
PARIS

VERROUS
ET
CHAINES DE SURETÉ

SPÉCIALITÉ DE MEUBLES TOUT EN FER
Serrures de sureté, pour appartements, meubles, boîtes, etc.

B. BONTEMS
INVENTEUR-FABRICANT, BREVETÉ S. G. D. G.

OISEAUX MOUVANTS ET CHANTANTS
Adaptés sur vases de fleurs.
Fournisseur de S. M. la Reine d'Angleterre.

TABATIÈRES
Oiseaux chantants
CAGES
—

RÉCOMPENSES AUX EXPOSITIONS
DE PARIS, 1858-1867-1868-1872-1875
LONDRES, 1851. — VIENNE, 1873
PHILADELPHIE, 1876, etc., etc.

TOUS SUJETS
automatiques
PENDULES
—

Médaille d'argent. — Exposition universelle 1878.

PARIS — 72, rue de Cléry, 72 — PARIS

CALENDRIER HISTORIQUE

C'est l'histoire des Lettres, des Sciences et des Arts, l'histoire de l'Humanité, résumée dans les grands noms que chaque siècle inscrit au Livre d'or.

Tous les charmeurs, poètes, peintres, musiciens ; tous les découvreurs ; tous les semeurs d'idées, savants, inventeurs, philosophes ; les vaincus glorieux à côté des conquérants qui s'imposent à la mémoire comme les grands fléaux et les grandes catastrophes ; Vercingétorix face à face avec César ; les patriotes tombés pour la patrie et pour la liberté ; et aussi les humbles, les petits illustres qu'un dévouement sublime, une action grandiose a tirés de leur obscurité, comme Goffin ; tous ont leur place marquée dans le *Calendrier historique*. Ils y figurent à la date précise de leur mort, c'est-à-dire du jour où ils sont entrés dans l'Immortalité.

Les événements mémorables, les batailles qui ont décidé de la destinée d'un peuple, complètent ce tableau d'histoire universelle qui ne serait pas déplacé sur les murailles de nos écoles.

Quel thème, en effet, pour le maître qui, au jour le jour, parcourrait ce calendrier avec ses élèves ! Que de bonnes choses à dire en passant ! Que de leçons utiles, saines et fortifiantes, à tirer des faits et des hommes ! Ne trouverait-on pas là la véritable morale en actions, le catéchisme de tous les devoirs, et, à côté du catalogue des crimes à flétrir, la liste consolante des héroïsmes à exalter ?

P. BRUNET

DÉCORATEUR

PARIS, 2, rue de la Roquette (pl. de la Bastille)

Et chez M. AVEZARD, architecte, 103, boulevard Voltaire.

Tous les dessins de meubles, reproduits à l'eau-forte et réunis en volumes, sont mis à la disposition des amateurs.

Méd. d'argent à l'Exposit. des Sciences appliquées à l'Industrie (1879)

133, FAUBOURG SAINT-ANTOINE, 133

7, Passage de la Main d'Or, et 58, rue de Charonne

Médaille de Bronze Paris 1879

MEUBLES DE STYLES

PARDAENS

Fabrique d'ébénisterie. — Grande spécialité de Buffets de Salles à manger et Étagères à découper en tout genre.

PARIS

FABRIQUE DE PULVÉRISATEURS

(Brev. s. g. d. g.)

DESMAREST ET COSNARD

USINE A VAPEUR

40, Rue du Chemin-Vert, 40

PULVÉRISATEURS POUR PARFUMS

Montés sur cristaux de Baccarat, avec garniture en métal inoxydables, dorés, nickelés, argentés, etc.

FONTAINE DÉCORATIVE

APPAREIL AUTOMATIQUE A HAUTE PRESSION

GUERRIER

205, rue Saint-Honoré, 205

SOCLES, ÉTAGÈRES, CONSOLES

EN BOIS DE FER ET EN BOIS NOIR

OBJETS D'ART CHINOIS ET JAPONAIS

COLLECTION REMARQUABLE

DE BRONZES DU JAPON

GINSBACH Frères

5, rue de Charonne, 5

ENTRÉE DANS LA COUR SAINT-JOSEPH, 10

AMEUBLEMENTS COMPLETS

DE TOUS STYLES, SIMPLES ET RICHES

EBÉNISTERIE, SCULPTURE, SIÈGES, TENTURES ET LITERIE

ARMOIRES A TROIS GLACES

Dites doubles vues, pour se voir en tout sens
brevetées s. g. d. g.

MÉDAILLE D'ARGENT, 1878. EXPOSANT POUR LA PREMIÈRE FOIS

Prix nets, sans escompte. — Fabrication garantie.

A. HENNUYER, Imprimeur-Éditeur.

51, RUE LAFFITTE, PARIS

A travers l'Amérique, nouvelles et récits, par Lucien BIART. Vingt-huit dessins hors texte par F. LIX. — Un beau volume grand in-8° jésus imprimé avec luxe. Prix : broché. . . . . 14 fr.
Ouvrage couronné par l'Académie française.

Plantes et Bêtes. *Causeries familières sur l'Histoire naturelle,* par J. PIZZETTA. — Un beau volume grand-in 8° jésus, illustré de 150 gravures sur bois et de 6 planches coloriées. Prix : broché, ... 14 fr.

Les Bébés d'Hélène, imité de J. Habberton, par William L. HUGHES Illustrations de BERTALL. — Un beau volume in-8° raisin. Prix : br. 7 fr.

Entre deux paravents, scènes et comédies en vers, par Paul Cé-LIÈRES. Un volume in-18, imprimé en caractères elzéviriens sur papier de Hollande, avec eaux-fortes de E. BOILVIN. *Tirage à petit nombre.* Pr. : 8 fr.
Ouvrages adoptés par le Ministère de l'Instruction publique.

ÉDITIONS IN-18 JÉSUS A 3 FR. 50 LE VOLUME

RELIÉ TOILE, TRANCHE ROUGE, 4 FR. 50

A TRAVERS L'AMÉRIQUE. Nouvelles et récits, par Lucien BIART — *Couronné par l'Académie française.* — DEUXIÈME ÉDITION.

LES NAUFRAGEURS, par Raoul de NAVERY.

CONTEZ-NOUS CELA! par Paul Cé-LIÈRES. *Troisième édition.*

RÉCITS D'UN HUMORISTE. De J. Habberton, adapté de l'anglais par William L. HUGHES.

UNE HEURE A LIRE, par Paul Cé-LIÈRES.

LES GRANDES VERTUS, par Paul CÉLIÈRES.

LES VOYAGES DE CAMOENS, par Raoul de NAVERY.

NOS PETITS PROCÈS. Notes sur le droit familier, par M. A. CARRÉ, juge de paix du 1er arrondissement de Paris. *Deuxième édition, revue et augmentée.*

Maîtres et domestiques. — Propriétaires et locataires. — Hôteliers et Voyageurs. — Marchands et Acheteurs. — Entre Voisins, etc.

EN SCÈNE, S. V. P. (*Le Théâtre chez soi*), proverbes, par Paul CÉLIÈRES

LE MONDE ET SES USAGES, par Mme de WADDEVILLE.

MAGASIN DES DEMOISELLES (36e année), journal littéraire et journal de modes paraissant le 10 et le 25 de chaque mois.

Gravures de modes et tapisseries coloriées, dessins de petits ouvrages, patrons, morceaux de piano, opérette, aquarelles, gravures hors texte, etc.

L'édition du 10 paraît par livraison de 32 pages, divisée en deux cahiers : l'un de 24 pages, consacré à des nouvelles et à des articles de littérature, d'histoire, de voyages, de beaux-arts, etc.; l'autre de 8 pages, contenant les articles d'actualités, de modes, d'éducation, d'hygiène et d'économie domestique.

L'édition du 25 paraît par livraison de 28 pages, divisée également en deux cahiers, dont l'un, de 16 pages, est consacré à la nouvelle et aux variétés, et l'autre de 12 pages, aux articles d'actualités, de modes, d'hygiène et d'économie domestique.

PRIX DE L'ABONNEMENT ANNUEL :	Édition mensuelle		Édition bimensuelle.
	du 10.	du 25.	
PARIS.	10 f.	7 f.	15 f.
DÉPARTEMENTS.	12	8	18

NOTA. — L'édition bimensuelle comprend les éditions du 10 et du 25, auxquelles on peut s'abonner séparément. *Envoi de spécimens contre timbre de 15 cent.*

9 782329 810973